KB137075

그리스 로마 신화
인물사전

신화는 **인류**의
문명과 문화의 **이해**를 돕는다

그리스 로마 신화 인물사전 3 ㅁ

박규호 · 성현숙 · 이민수 · 김형민 지음

한국인문고전연구소

차례

일러두기

1. 본문의 인명 및 지명은 그리스어와 라틴어를 혼용하여 쓰고 있으나 원전을 살리되, 통용되는 명칭은 그대로 사용하였다.
2. 본문의 서명書名은 『 』, 음악 미술 등의 작품명은 〈 〉로 표기한다.
3. 본문의 그림 설명은 작품 제목, 종류, 작가 이름, 제작 시기, 보관처출처, 기타 설명 순이다.

ㅁ

그리스로마신화인물사전

Greek Roman mythology Dictionary

마라톤 Marathon

요약

그리스 신화에 나오는 시키온의 왕 에포페우스의 아들이다.

아버지 에포페우스 왕의 폭정을 피해 아티카 지방으로 가서 자신의 이름을 딴 도시 마라톤을 건설하였다. 그의 두 아들 시키온과 코린토스 역시 같은 이름의 도시를 유래시킨 인물들이다.

기본정보

구분	왕자
외국어 표기	그리스어: Μαραθών
관련 지명	도시 마라톤

인물관계

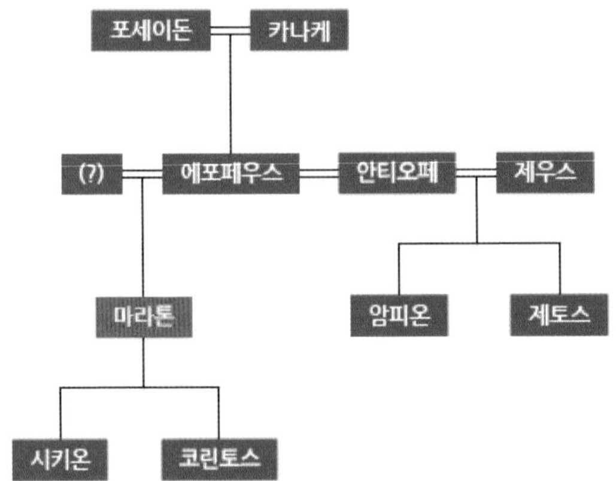

마라톤은 시키온의 왕 에포페우스의 아들이다. 에포페우스는 테바이 섭정 닉테우스의 딸 안티오페와 결혼하여 암피온과 제토스를 낳았는데 이 둘은 실제로는 제우스의 아들이라고 한다. 마라톤에게는 각각 시키온과 코린토스의 시조가 된 두 아들이 있었다.

신화이야기

에포페우스의 아들

파우사니아스의 『그리스 안내』에 따르면 마라톤은 시키온의 왕 에포페우스의 아들인데 아버지의 불의와 폭력을 견디지 못하고 아티카 지방으로 도망쳐서 그곳에 같은 이름의 도시를 건설하였다고 한다.

에포페우스가 죽은 뒤 마라톤은 시키온으로 돌아와 왕위를 계승하였지만 곧 나라를 둘로 나누어 두 아들 코린토스와 시키온에게 물려주고 자신은 아티카로 돌아갔다. 마라톤이 두 아들에게 물려준 나라는 각각 에피라이아와 아소피아라고 불리던 땅이었지만 그 뒤로는 그들의 이름을 따서 코린토스와 시키온이라고 불렀다.

또 다른 마라톤

아티카의 도시 마라톤이 그와 같은 이름을 얻게 된 유래에 관해서는 또 다른 이야기도 있다. 플루타르코스의 전승에 따르면 틴다레오스의 아들들이 아테네의 테세우스를 공격할 때 이들과 함께 싸운 아르카디아의 전사 중에 마라톤이라는 인물이 있었다고 한다. 그는 마라톤의 들판에서 벌어진 전투에서 자신의 목숨을 바쳐 싸웠는데 그 뒤로 이 고장은 그의 이름을 따서 마라톤이라고 불리게 되었다고 한다.

마론 Maron

요약

그리스 신화에 등장하는 아폴론의 사제로, 술꾼의 전형으로 간주된다. 트로이 전쟁이 끝나고 귀향길에 오른 오디세우스는 마론이 선물한 맛좋은 포도주를 이용하여 외눈박이 거인 폴리페모스를 물리칠 수 있었다.

기본정보

구분	사제
상징	술꾼
외국어 표기	그리스어: Μάρων
관련 신화	오디세우스의 귀향

인물관계

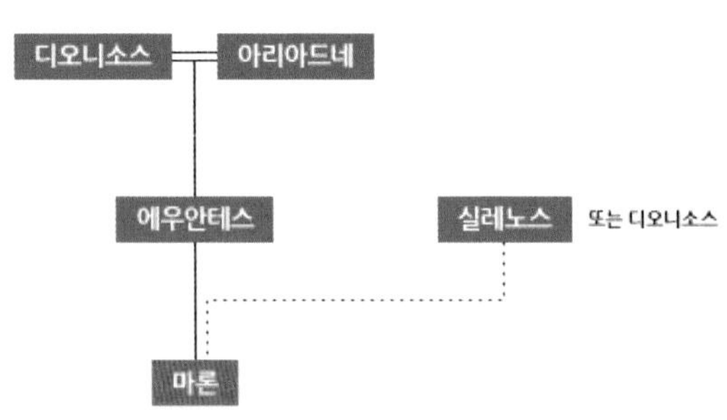

호메로스에 따르면 마론은 에우안테스의 아들이고 디오니소스와 아리아드네의 손자이다.

하지만 그를 디오니소스를 따르는 사티로스의 하나인 술꾼 실레노스의 아들로 보는 시각도 있다.

신화이야기

마론의 선물

트로이 전쟁을 끝내고 귀향길에 오른 오디세우스 일행은 트라키아의 해안도시 이스마로스를 약탈하였다. 트라키아는 전쟁 때 트로이 편에서 싸웠으므로 그리스군의 일원인 오디세우스 일행에게는 적이었다. 하지만 오디세우스는 이스마로스의 숲에 살고 있던 아폴론의 사제 마론과 그의 처자식을 공격하지 않고 보호해 주었다. 아폴론 신에 대한 외경심 때문이었다. 마론은 이에 대한 감사 표시로 아주 독하고 달콤한 값비싼 포도주를 선물하였는데 마론의 이 선물 덕택에 나중에 오디세우스 일행은 목숨을 구하게 된다.

외눈박이 거인 폴리페모스의 동굴

마론의 선물을 가지고 이스마로스를 떠난 오디세우스 일행은 폴리페모스가 사는 섬에 정박했다가 그의 동굴에 갇히는 신세가 된다.('폴리페모스' 참조) 눈이 하나뿐인 키클로페스족의 폴리페모스는 사람을 잡아먹는 식인 괴물이었다. 동굴 입구를 거대한 바위로 막아놓고 자신의 부하들을 하나 둘씩 잡아먹는 폴리페모스를 오디세우스는 칼로 찔러 죽일 수도 없었다. 그가 죽어버리면 거대한 바위로 막힌 동굴에서 영영 나갈 수가 없기 때문이었다. 그래서 오디세우스는 다른 꾀를 내었다.

폴리페모스의 눈을 찌르는 오디세우스와 병사들
기원전 565~560년경, 프랑스 국립도서관

그는 폴리페모스에게 마론이 선물한 독하고 달콤한 포도주를 권하여 술에 취해 곯아떨어지게 한 다음 끝을 뾰족하게 깎은 말뚝으로 눈을 찔러 장님을 만들었다. 그리고는 폴리페모스가 동굴에서 기르는 가축늘에게 풀을 뜯기기 위해 바위를 치우고 밖으로 나갈 때 가축들 틈에 섞여서 간신히 사지를 벗어날 수 있었다. 하지만 이 일로 오디세우스는 폴리페모스의 아버지인 해신 포세이돈의 미움을 사 더욱 험난한 귀향길을 맞이해야 했다.

술꾼의 전형 마론

마론은 에우안테스의 아들로 디오니소스의 손자가 되지만 그리스의 작가들은 그를 디오니소스의 아들로, 혹은 늘 술에 취해 있는 늙은 사티로스인 실레노스의 술 친구로 즐겨 묘사하였다.

후대로 가면서 마론의 이야기는 디오니소스 전설에 완전히 동화된다. 마론은 실레노스의 아들이 되어 디오니소스의 인도 원정길에 따라 나서기도 하고 술에 취해 비틀거리는 늙은이로 등장하여 주신(酒神) 디오니소스와 술을 찬미하는 노래를 부르기도 한다. 로마에 있는 폼페이우스 주랑(柱廊)의 한 샘에는 술꾼의 전형인 마론의 상이 있었다고 한다.

고대의 와인 산지로 유명했던 도시 마로네이아는 마론의 이름에서 유래했다고 하며 디오도로스는 마론을 아예 이 도시의 건설자로 소개하고 있다.

마르시아스 Marsyas

요약

그리스 신화에 등장하는 숲의 정령 사티로스의 하나이다.

자신의 피리 부는 솜씨에 도취되어 아폴론 신과 연주를 겨루었다가 패하여 산 채로 껍질이 벗겨지는 참혹한 벌을 받았다.

기본정보

구분	사티로스(반은 사람, 반은 동물)
상징	오만
외국어 표기	그리스어: Μαρσύας
관련 상징	피리(아울로스)
가족관계	올림포스의 아들, 히아그니스의 아들, 오이아그로스의 아들

인물관계

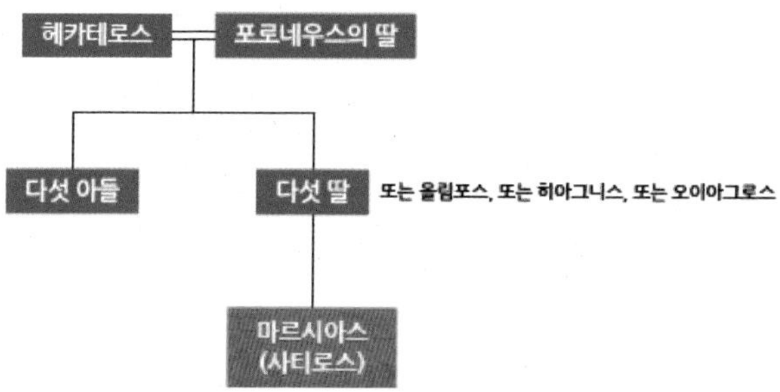

헤시오도스에 의하면 사티로스들은 모두 원초적인 토속신 헤카테로스가 최초의 인간 포로네우스의 딸에게서 얻은 다섯 명의 딸들이

낳은 자식들이라고 했다. 하지만 마르시아스는 프리기아의 전설적인 피리 명인 올림포스, 히아그니스, 오르페우스의 아버지로 알려진 트라키아의 왕 오이아그로스가 낳은 자식이라는 이야기가 있다.

신화이야기

개요

마르시아스는 원래 소아시아의 프리기아 지방을 흐르는 같은 이름의 강의 신이었다고 한다. 그리스 신화에서는 디오니소스를 따라다니는 숲의 정령 사티로스(혹은 실레노스)의 하나로 나오지만 종종 대지의 여신 키벨레의 추종자로 묘사되기도 한다.('사티로스' 참조)

마르시아스는 사티로스답게 반수반인의 형상에 아울로스(피리의 일종)를 불고 있는 모습으로 신화에 등장한다. 그의 부모는 전설적인 피리의 명인 올림포스 혹은 히아그니스라고도 하고 오르페우스를 낳은 트라키아의 왕 오이아그로스라고도 한다.

토끼들을 감동시킨 마르시아스
엘리후 베더(Elihu Vedder), 1899년

아울로스의 발명

아울로스는 좌우 두 개의 관으로 이루어진 피리로 열광적이고 관능적인 음색이 특징이며 디오니소스의 제례 때 주로 쓰였다. 고대의 중요한 악기 중 하나로 꼽히는 아울로스는 마르시아스가 직접 발명하여 불고 다녔다고도 하고 아테나가 만들었다가 버린 것을 우연히 주워서 불게 되었다고도 한다.

주로 아테네 사람들이 전하는 후자의 이야기에 따르면, 아테나 여신이 메두사의 죽음을 애통해하는 고르곤 자매들의 목소리를 모방하여 보통보다 한 옥타브 낮은 음정의 피리를 만들었는데, 이 악기를 불 때 자신의 볼이 보기 흉하게 일그러지는 것이 싫어서 내다 버렸다고 한다.

또 다른 이야기에 의하면 아테나 여신이 신들의 연회 때 즉석에서 사슴의 뼈를 깎아 만든 피리 아울로스를 불었는데 피리를 불 때 그녀의 얼굴이 일그러지는 것을 보고 헤라와 아프로디테가 웃음을 터뜨렸다고 한다. 속이 상한 아테나 여신은 프리기아로 가서 개울물에 자신의 피리 부는 모습을 비추어 보았는데 두 여신의 반응을 납득할 수 있었다. 그녀는 아울로스를 멀리 던져 버리면서 누구든 그것을 가져가서 부는 자는 무서운 벌을 받게 될 거라고 경고했다. 하지만 아울로스는 키벨레의 시종으로 요란하게 북을 치고 노래를 부르며 프리기아 숲을 돌아다니던 마르시아스의 눈에 띄었고 이후로 마르시아스는 늘 그것을 불고 다녔다.

아폴론과 마르시아스

마르시아스는 아울로스를 몹시 자랑스러워하였고 그 악기가 세상에서 가장 아름다운 소리를 낸다고 생각했다. 그래서 급기야는 음악의 신 아폴론에게 도전장을 내밀기에 이르렀다. 아폴론의 리라 연주와 자신의 아울로스 연주 중 어느 것이 더 아름다운 소리를 내는지 겨루어보자는 것이었다. 아폴론은 패자가 승자의 어떤 요구도 달게 받아야 한다는 조건으로 제안을 받아들였고, 무사이 여신들을 심판관으로 연주 시합이 벌어졌다.

두 연주자는 모두 혼신의 힘을 기울여 연주를 했고 끝내 우열이 가려지지 않았다. 그러자 아폴론은 마르시아스에게 악기를 거꾸로 들고 연주하자고 제안했다. 리라는 거꾸로 들고도 잘 연주할 수 있지만 아울로스는 그렇지 못했고 결국 승리는 아폴론에게로 돌아갔다.

감히 음악의 신에게 도전한 오만의 벌은 가혹했다. 아폴론은 마르시아스를 소나무에 매단 다음 산 채로 가죽을 벗겨버렸던 것이다. 마르시아스의 몸에서 흐르는 피는 그의 친구인 다른 사티로스들과 님페들이 흘린 눈물과 함께 강물을 이루었고 그 강에는 마르시아스라는 이름이 붙여졌다.

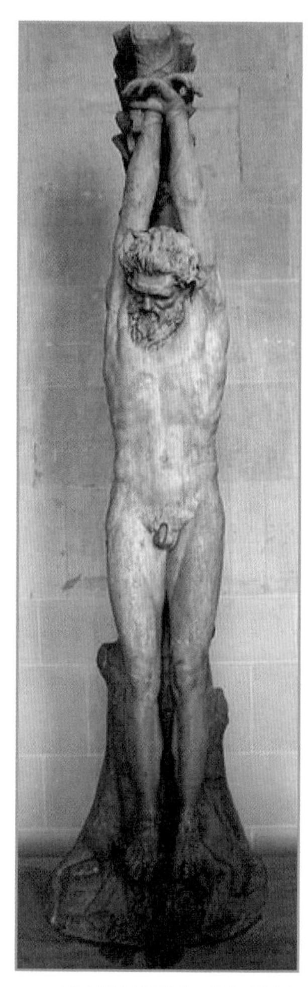

살가죽이 벗겨지는 마르시아스
작자 미상, 로마 시대 석상, 1~2세기, 루브르 박물관

아폴론 신은 곧 자신의 행동을 후회하면서 손에 들고 있던 리라를 부셔버렸다고 한다. 아폴론이 마이안드로스 강에 버린 마르시아스의 피리는 나중에 그리스의 전설적인 아울로스 연주자 사카다스에 의해 시키온에서 발견되어 아폴론 신에게 바쳐졌다.

마르페사 Marpessa

요약

그리스 신화에 나오는 에우에노스 왕의 딸이다.

그녀를 사이에 두고 아폴론과 이다스 사이에 싸움이 벌어졌을 때, 마르페사는 영원한 젊음을 유지하는 신 아폴론 대신 함께 늙어갈 수 있는 인간 이다스를 남편으로 선택하였다.

기본정보

구분	공주
외국어 표기	그리스어: Μάρπησσα
어원	도둑 맞은 딸
관련 지명	에우에노스 강

인물관계

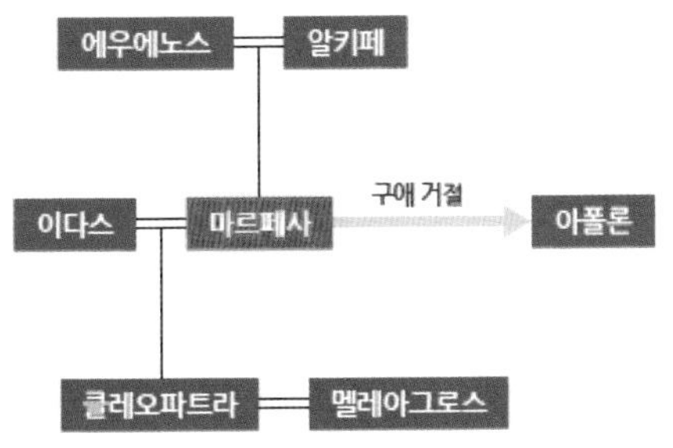

마르페사는 군신 아레스의 아들 에우에노스와 알키페 사이에서 난 딸로, 이다스와 결혼하여 딸 클레오파트라를 낳았다.

에우에노스 왕의 전차 경주

마르페사의 아버지 에우에노스는 자신의 딸에게 수많은 청혼자들이 몰려들자, 히포다메이아의 아버지 오이노마오스 왕이 그랬던 것처럼 자신과 전차 경주를 벌여 이기는 자에게 딸을 주겠다고 했다. 하지만 자신과의 경주에서 지는 자는 죽음을 면치 못할 것이라고 덧붙였다.

마르페사와 이다스를 떼어 놓는 아폴론과 제우스
아티카 적색상도기, 기원전 480년, 뮌헨 국립고대미술박물관

아름다운 마르페사를 얻기 위한 죽음의 경주에는 메세니아의 왕 아파레우스의 아들 이다스도 참가했다. 그는 포세이돈으로부터 얻은 날개 달린 전차를 타고 경주에 참가하여 승리하였다.(이다스의 실제 아버지는 포세이돈이라는 설도 있다) 딸을 빼앗기기 싫었던 에우에노스는 마르페사를 데리고 달아나는 이다스를 리마르코스 강까지 추격했으나 도저히 잡을 수가 없었다. 절망한 에우에노스는 탄식하며 강에 몸을 던졌고 이때부터 이 강은 에우에노스 강이라고 불렸다.

아폴론 대신 이다스를 선택한 마르페사

그런데 아름다운 마르페사에게 반한 것은 인간들만이 아니었다. 아폴론 신도 마르페사를 욕심내서 이다스에게서 강제로 그녀를 빼앗아 가려 하였다. 물론 이다스도 가만히 보고만 있지는 않았고 결국 두 남자 사이에 격렬한 싸움이 벌어졌다.

제우스는 이들의 싸움이 그칠 기미가 없자 사이에 끼어들어 둘을 떼어놓고는 마르페사로 하여금 두 남자 중 한 명을 선택하게 하였다. 마르페사는 고민 끝에 이다스를 선택하였다. 아폴론은 신이므로 영원히 젊은 모습일 테지만 자신은 언젠가 늙을 터인데 그때가 되면 아폴론이 자신을 버릴 것이라고 생각했기 때문이었다.

훗날 이다스와 마르페사 사이에서는 딸 클레오파트라도 태어났다. 하지만 이다스와 함께 늙어가고자 했던 마르페사의 소망은 실현되지 못했다. 얼마 뒤 이다스가 디오스쿠로이 형제(카스토르와 폴리데우케스)와 훔친 소떼의 분배 문제를 놓고 싸움을 벌이다 이들에게 목숨을 잃고 말았기 때문이다. 이다스가 죽은 뒤 마르페사는 스스로 목숨을 끊었다.

이다스와 마르페사의 딸 클레오파트라는 나중에 칼리돈의 멧돼지 사냥을 개최하고 또 직접 죽인 영웅 멜레아그로스의 아내가 되었다.('멜레아그로스' 참조)

마리카 Marica

요약

로마 신화에 나오는 라티움 지방 민투르나이의 님페이다.

목신 파우누스와 사이에서 라티움의 왕 라티누스를 낳았다. 라티누스는 트로이에서 건너온 아이네이아스를 딸 라비니아와 결혼시켜 로마 건설의 토대를 마련하였다.

기본정보

구분	님페
관련 신화	라티누스, 아이네이아스
가족관계	라티누스의 어머니, 파우누스의 아내

인물관계

마리카는 사투르누스(그리스 신화의 크로노스)의 직계 자손인 목신(혹은 라티움의 왕) 파우누스와 사이에서 라티누스를 낳았다.

라티누스는 아마타와 결혼하여 외동딸 라비니아를 낳았고 라비니아는 트로이의 영웅 아이네이아스와 결혼하여 로마 왕가의 시조가 되는 아들 실비우스를 낳았다.

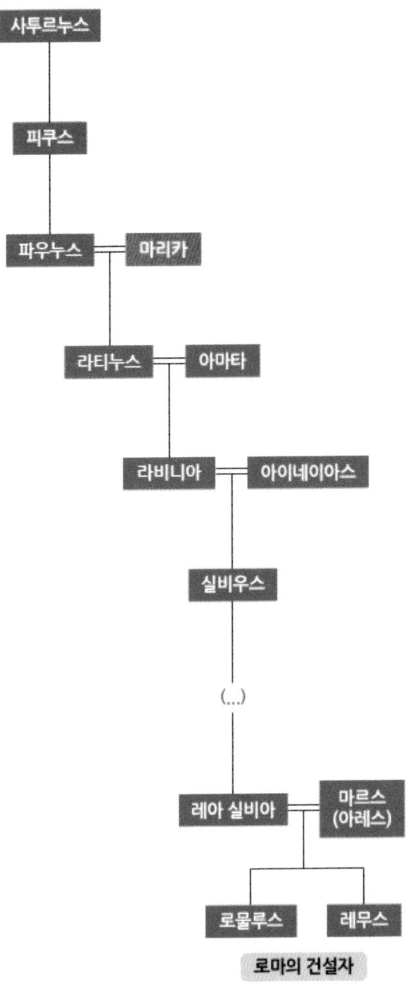

신화이야기

개요

로마 신화에서 마리카는 라티움에 있는 민투르나이의 님페로 그곳에 그녀에게 바쳐진 신성한 숲과 호수가 있다고 전해진다. 베르길리우스에 따르면 마리카는 사투르누스(그리스 신화의 크로노스)의 직계 자손인 목신 파우누스와 사이에서 라티움의 왕 라티누스를 낳았다.

로마 시대의 많은 작가들은 그녀를 다이아나(디아나, 그리스 신화의 아르테미스)나 비너스의 변형으로 보는데 신격화된 키르케라는 이야기도 있다.

라티움에 도착한 아이네이아스 일행

마리카의 아들 라티누스가 이탈리아 중부 해안의 라티움 지방을 다스리고 있을 때 아이네이아스가 트로이의 유민들을 이끌고 이곳에 도착했다. 라티누스는 아이네이아스 일행을 환대하고 정착할 땅도 자진해서 내주었다. 라티누스에게는 라비니아라는 외동딸이 있었는데 신탁이 그에게 딸을 이방인에 내주어야 한다고 지시하였으므로 그는 아이네이아스를 딸의 남편으로 삼으려고 했다. 사실 리비니아는 이미 이웃 부족인 루툴리족의 왕이자 아마타 왕비의 조카인 투르누스에게 주기로 약속이 되어 있었지만 라티누스는 이에 개의치 않았다.

하지만 그러고 나서 얼마 뒤 뜻밖의 사건으로 라티움 원주민과 트로이 유민 사이에 불화가 발생했다. 아이네이아스의 아들 아스카니오스가 사냥을 하다 실수로 신성한 암사슴을 죽이자 화가 난 원주민 청년들과 아스카니오스 일행 사이에 싸움이 벌어진 것이다. 처음부터 라비니아를 아이네이아스에게 주는 것이 못마땅했던 라티누스의 아내 아마타는 투르누스와 함께 라티누스를 부추겼고 결국 원주민들과 트로이인들 사이에 전쟁이 벌어졌다.

전쟁은 아이네이아스의 승리로 끝이 났다. 투르누스는 아이네이아스와의 일대일 결투에서 목숨을 잃었고 아마타는 투르누스가 죽었다는 소식을 듣고 자결했다. 하지만 이 소식은 오보였고 그때 투르누스는 아직 살아 있었다고 한다.

라비니움과 알바 롱가의 건설

전쟁을 바라지 않았던 라티누스는 전투에 참가하지 않은 채 아이네이아스와 결투를 벌이려는 투르누스를 만류했지만 소용이 없었다. 전쟁 중에도 그는 아이네이아스 진영과 협상을 벌여 죽은 병사들을 땅에 묻을 수 있게 하였고 투르누스가 죽은 뒤에는 트로이인들과 평화협정을 맺었다.

전쟁이 끝난 뒤 라티누스는 딸 라비니아를 아이네이아스와 결혼시키고 라티움의 왕위도 그에게 물려주었다. 이에 아이네이아스는 라티움 원주민과 트로이 유민을 결합시킨 새로운 왕국을 건설하고 이를 라비니아의 이름을 따서 라비니움이라고 명명했다. 아이네이아스가 죽은 뒤 라비니움의 왕위는 라비니아와 아이네이아스 사이에서 태어난 아들 실비우스에게로 돌아갔다. 실비우스는 나중에 아이네이아스가 트로이에서 데려온 아들 아스카니오스가 로마 남동쪽 알바 산 기슭에 건설한 알바 롱가도 물려받았는데 알바 롱가 왕국은 훗날 건설된 로마의 모태가 되었다.

마이나데스 Maenades

요약

그리스 신화에서 디오니소스를 따르는 여신들이다.

이들은 미친 듯한 도취 상태로 산과 들판을 헤매고 다니면서 춤추고 노래하며 디오니소스를 찬양하였다. 실제로 디오니소스 제례가 행해질 때도 광적인 춤을 추며 디오니소스에 대한 의식을 행하는 여인들이 있었는데 이들도 마이나데스라고 불렸다.

기본정보

구분	님페
상징	신들린 여인들, 광기에 사로잡힌 무리
외국어 표기	그리스어: Μαινάδες
어원	미친 여자들
로마 신화	바칸테스
별칭	마이나스(Maenads)
관련 신화	디오니소스 숭배
관련 상징	표범 가죽, 솔방울 달린 지팡이(티르소스)

인물관계

마이나데스는 디오니소스를 따르는 여성을 총칭하는 개념이므로 개별적인 가계나 인물관계는 따로 언급되지 않는다. 다만 신화에서는 자주 사티로스들과 함께 등장하여 난잡하고 광기어린 숭배의식을 행한다.

신화이야기

개요

'마니아'에서 유래한 개념인 마이나데스는 '미친 여자들', '신들린 여자들'이라는 뜻으로 디오니소스를 따르는 여인들의 무리를 지칭하는 말이다. 단수형은 '마이나스'다.

마이나데스
아티카 술잔 그림, 기원전 480년
뮌헨 국립고대미술관

이들은 디오니소스의 또 다른 이름인 바쿠스에서 유래한 '바카이'나 '티이아데스' 등의 이름으로도 불리며 디오니소스 숭배의 본고장인 트라키아와 프리기아 출신이라고 한다.

마이나데스는 디오니소스 의식을 행할 때 완전히 벌거벗거나 새끼 사슴이나 표범 가죽을 걸치고, 머리는 떡갈나무 잎과 전나무 가지로 치장하고 끝에 솔방울이 달린 지팡이(티르소스)와 술잔을 손에 들고, 피리를 불거나 북을 치고 춤을 추면서 숲과 들판을 미친 듯이 돌아다녔다. 광기에 사로잡힌 상태에서는 몸에 괴력이 붙어 나무를 뿌리째 뽑고 들짐승을 맨손으로 갈가리 찢어 죽였으며 피가 뚝뚝 떨어지는 고기를 날것으로 먹었다.

디오니소스를 따라 소아시아의 리디아에서 그리스로 건너온 마이나데스는 남편들의 반대와 방해에도 불구하고 많은 그리스 여인들을 무리에 끌어들이며 디오니소스에 대한 숭배를 확산시켰다.

펜테우스를 갈가리 찢어 죽인 마이나데스

카드모스에 이어 테바이의 왕위에 오른 외손자 펜테우스는 테바이 여인들 사이에 만연하고 있던 디오니소스에 대한 숭배를 단호히 거부하였다. 카드모스의 딸 세멜레와 제우스 사이에서 태어난 디오니소스는 펜테우스와 사촌지간이기도 했는데 펜테우스는 디오니소스를 신이 아니라 사기꾼으로 여겨 그에 대한 숭배가 확산되는 것을 막으려 했다.

펜테우스의 불경에 노한 디오니소스는 펜테우스의 어머니 아가우에, 이모인 이노와 아우토노에를 광기에 빠뜨려 디오니소스 숭배 의식이 열리는 키타이론 산으로 보낸 뒤 펜테우스로 하여금 직접 키타이론 산으로 가서 광란의 의식을 염탐하게 하였다. 펜테우스는 여장을 하고 키타이론 산으로 가서 나무에 몸을 숨긴 채 마이나데스의 광기를 지켜보다가 그만 발각되고 말았다. 그를 짐승으로 착각한 여인들은 나무를 통째로 뽑아버리고 그를 붙잡아 갈가리 찢어버렸다. 가장 먼저 그에게 손을 댄 여인이 바로 그의 어머니 아가우에였다. 그녀는 동생 아우토노에와 함께 아들의 사지를 찢고 머리를 몸에서 뜯어냈다. 그리고는 아들의 머리를 지팡이에 꽂고 자랑스레 테바이 시내로 돌아왔다. 그것을 사자의 머리라고 여겼던 것이다.

마이나데스와 사티로스
아티카 적색상도기, 기원전 480년
뮌헨 국립고대미술관

오르페우스의 죽음

마이나데스는 오르페우스 신화에도 등장한다. 사랑하는 아내 에우리디케를 영영 잃고 난 오르페우스는 실의에 잠겨 아내의 기억에만

매달릴 뿐 어떤 여인과도 가까이 지내려 하지 않았다. 그전까지 오르페우스는 종종 디오니소스를 섬기는 트라키아의 여인들인 마이나데스를 초대하여 디오니소스의 주연을 벌이기도 했지만, 이제는 젊은이들과만 어울릴 뿐 그녀들을 거들떠보지도 않았다. 이 때문에 오르페우스는 동성애의 창시자로도 언급된다.

오르페우스의 머리를 든 트라키아 처녀
귀스타브 모로(Gustave Moreau), 1865년, 오르세 미술관

트라키아의 여인들은 오르페우스가 자신들을 무시한다고 여겨 분노했다. 그러던 중 숲을 거닐던 오르페우스가 디오니소스 의식을 통해 광기에 빠져 있던 마이나데스의 눈에 띄었고 이들은 오르페우스를 갈가리 찢어 죽이고 말았다. 또 다른 이야기에 따르면 오르페우스는 그에게 정욕을 품은 마이나데스가 서로 차지하려고 다투다가 갈가리 찢어 죽였다고도 한다.

여인들은 오르페우스의 시체를 강물에 던져버렸다. 바다로 흘러나간 오르페우스의 시체는 멀리 레스보스 섬에서 머리만 리라와 함께 발견되었다. 레스보스의 주민들은 오르페우스의 머리를 거두어 엄숙히 장례를 치르고 무덤을 만들어 주었다. 그 이후 레스보스 섬에서는 뛰어난 서정 시인들이 배출되었다고 한다.

마이아 Maia

요약

마이아는 아틀라스와 플레이오네의 딸(플레이아데스)이고 제우스와의 사이에서 헤르메스를 낳는다. 마이아는 칼리스토가 헤라의 질투로 곰으로 변하자 제우스와 칼리스토의 아들 아르카스를 맡아 키운다.

기본정보

구분	님페
외국어 표기	그리스어: Μαῖα
어원	어머니, 산파
별자리	플레이아데스 성단
관련 상징	어머니, 5월
로마신화	마이아
관련 신화	플레이아데스, 헤르메스
가족관계	아틀라스의 딸, 제우스의 아내, 헤르메스의 어머니, 플레이오네의 딸

인물관계

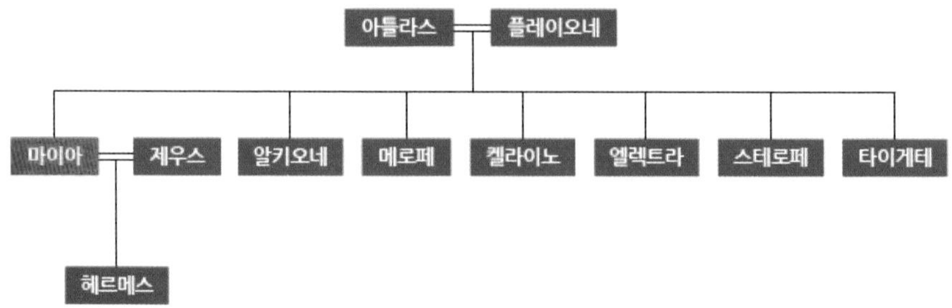

아틀라스와 플레이오네 사이에서 난 일곱 명의 딸은 플레이아데스라고 불린다. 그 중 마이아는 제우스와 사이에 헤르메스를 낳는다.

신화이야기

플레이아데스 마이아

『신들의 계보』를 보면 마이아의 부모와 자매에 대해 알 수 있다. 오케아노스의 딸 플레이오네는 아틀라스와 사이에서 일곱 명의 딸을 낳는다. 헤르메스의 어머니 마이아를 포함한 일곱 자매(알키오네, 메로페, 켈라이노, 엘렉트라, 스테로페, 타이게테)는 아르카디아의 킬레네에서 플레이아데스라고 불린다. 시시포스의 아내가 된 메로페를 제외하고 마이아를 비롯한 다섯 자매는 모두 신과 사랑에 빠졌다. 제우스는 마이아뿐만 아니라 그녀의 자매들인 엘렉트라와 타이게테 사이에서도 자식을 두었다. 마이아와 그녀의 자매들은 모두 별자리가 되었는데 이를 플레이아데스 성단이라고 한다.

헤르메스의 어머니 마이아

『비블리오테케』에는 마이아가 헤르메스의 어머니임을 밝히고 있다. 수많은 염문을 뿌리고 다니는 제우스는 이번에는 티탄 아틀라스의 딸 마이아를 사랑하였다. 이들의 사랑의 결실로 킬레네 산의 동굴에서 신들의 전령 헤르메스가 태어난다. 제우스의 여자와 그들의 자식들에 대한 헤라의 질투는 유명하지만 헤라는 어찌 된 일인지 이들 모자에게는 복수를 하지 않았다.

헤르메스는 태어난 날부터 조숙하고 민첩하고 활동적이었다. 그는 태어나자마자 요람에서 기어 나와 아폴론이 목동으로 일하고 있는 마케도니아의 피에리아로 간다. 그리고 밤의 어둠을 틈타 '도둑의 신' 답

올림피아 신들의 모임; 헤르메스와 마이아
기원전 500년, 뮌헨 국립고대미술박물관

게 아폴론의 소떼를 훔친다. 헤르메스는 자신의 도둑질이 발각되지 않도록 소에게 신발을 신기고 소떼를 필로스로 데려가서 두 마리는 세물로 바치고 나머지 소들은 동굴에 숨겼다. 재빨리 킬레네로 돌아온 헤르메스는 제물로 바친 소들의 내장과 동굴 입구에서 만난 거북이 등껍데기로 리라를 만든다.

한편 아폴론이 소떼를 찾아 필로스로 왔다. 그가 사람들에게 물어보아도 도저히 소떼의 흔적을 찾을 수 없었지만 예지력으로 결국 헤르메스를 찾아낸다. 그리고 킬레네로 헤르메스의 어머니 마이아를 찾아가 아들의 나쁜 행실을 비난하지만 마이아는 포대기에 싸여 있는 헤르메스를 보여 준다. 아폴론은 그를 제우스에게 데려가 소떼를 돌려달라고 하였고, 처음에는 발뺌을 하던 헤르메스는 결국 소떼를 돌려 주었다.

아르카스의 유모 마이아

마이아는 제우스와 칼리스토의 아들 아르카스를 맡아 키운다. 헤시오도스와 아폴로도로스는 칼리스토를 아르카디아의 왕 리카온의 딸이라고 하고 아시오스는 칼리스토를 닉테우스의 딸이라 하고 페레퀴데스는 케테우스의 딸이라고도 한다.

오비디우스의 『변신이야기』에 칼리스토가 헤라의 질투로 어떻게 자식을 기르지 못하게 되었는지 설명되어 있다. 칼리스토는 처녀신 아르테미스에게 그녀를 섬기고 끝까지 처녀로 남겠다고 서약하였다. 그런데 아름다운 칼리스토스에게 반한 제우스로 인해 그 서약을 지킬 수 없게 되었다. 제우스는 아르테미스의 모습으로 변신하고 그녀에게 접근하여 그녀와 동침을 한다. 그녀와 제우스 사이의 일을 알아챈 아르테미스는 그녀를 님페들의 무리에서 쫓아낸다. 제우스의 아내 헤라는 이 모든 일을 이미 오래 전에 알고 있었으나 칼리스토를 처벌할 적당한 때를 기다리고 있었다. 헤라는 칼리스토가 제우스의 아들 아르카스를 낳았다는 소식을 듣고 더 이상 복수를 미루지 않는다. 그녀는 남편 제우스와 외도를 한 칼리스토의 앞머리를 움켜쥐고 땅바닥에 내동댕이친 후 그녀를 곰으로 변신시켰다.

파우사니아스에 따르면 헤라는 칼리스토를 곰으로 변신시킨 후 아르테미스에게 그녀를 화살로 죽여달라고 부탁한다. 제우스는 그의 아들 아르카스를 구하기 위해 헤르메스를 보낸다.

플레이아데스
엘리후 베더(Elihu Vedder), 1885년, 메트로폴리탄 미술관

아폴로도로스에 따르면 제우스는 칼리스토와 동침한 후 헤라의 질투를 피하고자 그녀를 곰으로 변신시킨다. 그러자 헤라는 아프로디테에게 부탁하여 그녀를 쏘아 죽인다. 칼리스토가 죽자 제우스는 자신의 아들에게 아르카스라는 이름을 지어 주고 헤르메스의 어머니인 마이아에게 아르카스를 키우도록 한다.

5월의 유래

5월은(라틴어 Maius) 마이아의 이름에서 유래한 것 같다. 로마 신화에서 마이아는 봄의 여신을 가리킨다. 영어에서 5월을 뜻하는 May는 '마이아의 달'을 뜻하는 라틴어 마이움(Maium)에서 유래한 것이라고 한다.

마테르 마투타 Mater Matuta

요약

로마 신화에 나오는 아침의 여신이다.

그리스 신화의 이노가 죽어서 된 바다의 여신 레우코테아와 동일시되기도 한다. 로마에서는 매년 6월 11일에 그녀를 기리는 '마트랄리아' 축제가 열렸다.

기본정보

구분	바다의 신
어원	아침
그리스 신화	이노, 레우코테아
관련 신화	디오니소스의 탄생
가족관계	카드모스의 딸, 하르모니아의 딸

인물관계

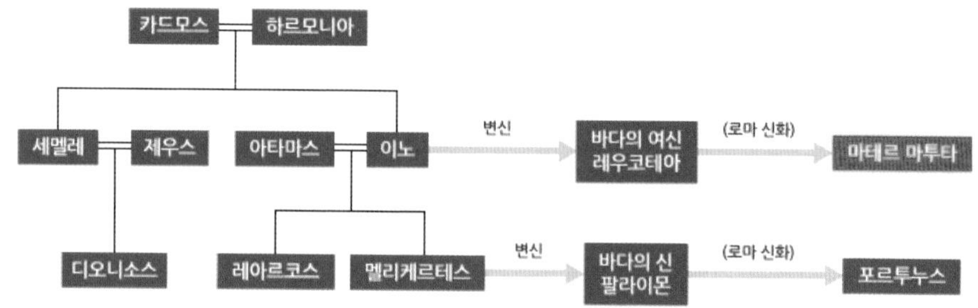

마테르 마투타는 그리스 신화의 이노가 자살한 후 바다의 여신 레우코테아가 되어 로마로 건너온 것이라고 하며, 이노의 아들 멜리케르테스도 죽어서 바다의 신 팔라이몬이 되었는데 팔라이몬은 로마 신화의 항구와 대문의 신 포르투누스와 동일시되었다.

신화이야기

개요

마테르 마투타는 로마 신화에 나오는 새벽의 여신으로 아우로라(그리스 신화의 에오스)와 동일시되었으며 출산과 성장의 여신으로도 숭배되었다. 그녀의 축일은 '마트랄리아'(고대 로마의 어머니날) 축제가 열리는 6월 11일이었다. 마테르 마투타의 제사에는 남편이 살아있고 단 한 번 결혼한 여자들만이 참여하였으며 그밖의 다른 여자와 노예는 참여가 허락되지 않았다.

마테르 마투타의 신전은 로마 항구 근처의 포룸 보아리움에 있었는데 로마의 전설에 의하면 그녀는 그리스 신화의 이노가 죽어 바다의 여신이 된 레우코테아가 로마로 건너온 것이라고 한다.

바다의 여신이 된 이노

그리스 신화에서 이노는 카드모스와 하르모니아의 딸로 디오니소스를 낳은 세멜레와 자매이다. 이노는 제우스의 명으로 세멜레가 낳은 어린 디오니소스를 돌보다가 헤라 여신의 미움을 샀는데, 헤라의 저주로 광기에 사로잡힌 이노는 자신의 어린 아들 멜리케르테스를 물이 펄펄 끓는 가마솥에 넣어 튀겨버렸다. 제정신이 든 이노는 아들의 시체를 끌어안고 바닷물에 몸을 던졌고 이를 불쌍히 여긴 신들이 모자를 바다의 신으로 만들어주었다.

마테르 마투타의 석고상
피렌체 국립고고학박물관

이노와 멜리케르테스의 죽음에 관해서 또 다른 이야기도 전해진다. 그에 따르면 이노가 전처의 자식 프릭소스와 헬레를 죽이려던 음모('프릭소스' 참조)를 알게 된 아타마스 왕이 분노하여 그녀와 그녀의 막내아들 멜리케르테스를 제물로 바치도록 명하였다. 하지만 디오니소스는 제단으로 끌려가는 이노와 멜리케르테스를 안개로 감추어 구해내고 아타마스 왕을 미치광이로 만들었다. 광기에 사로잡힌 아타마스는 아들 레아르코스를 끓는 물에 넣어 죽였고 이 사실을 안 이노는 아타마스의 추적을 피해 멜리케르테스와 함께 바다에 몸을 던졌다는 것이다.

아무튼 그리하여 이노는 하얀 물보라의 여신 레우코테아가 되었고 어린 아들 멜리케르테스는 돌고래를 타고 다니는 어린 바다의 신 팔라이몬이 되었다. 레우코테아와 팔라이몬은 뱃사람들의 수호신이 되어 폭풍 속을 항해하는 선원들을 보살펴 주었다고 한다.

레우코테아와 마테르 마투타

오비디우스의 『달력』에는 이노가 레우코테아가 되고 마테르 마투타가 된 연유가 언급되어 있다. 바닷물에 몸을 던진 이노는 물의 님페 나이아데스에 의해 티베리스 강 하구로 옮겨졌다고 한다. 뭍으로 올라온 이노는 스티물라(그리스 신화의 세멜레)의 신성한 숲에서 디오니소스 제전을 열고 있던 바카이(디오니소스 숭배자)들을 만났다. 이들은 유노(헤라)의 부추김을 받아 이노를 공격하였는데 마침 근처에 있던 헤라클레스가 그녀의 비명소리를 듣고 달려와 구해 주었다. 헤라클레스는 그녀를 에반드로스의 어머니 카르멘타에게 데려다 주었고 카르멘타는 이노에게 구운 케이크를 대접하며 장차 그녀가 바다의 여신이 되어 그리스에서는 레우코테아라고 불리고 로마에서는 마투타라는 이름으로 불리게 될 것이라는 이야기를 들려 주었다.(마트랄리아 축제에서 구운 케이크를 제물로 바치는 의식은 여기서 유래하였다) 카르멘타는 또 로마에서 그녀와 그녀의 아들을 위한 제전이 열리게 될 것인데 그녀의 아들 멜리케르테스는 로마에서 포르투누스라는 이름의 해신으로 숭배될 것이라고 하였다.

만토 Manto

요약

그리스 신화에 등장하는 여성 예언자이다.

델포이의 아폴론 신전에서 무녀 노릇을 하다 신탁의 지시에 따라 소아시아로 가서 아폴론의 신탁소 클라로스를 건설하였다.

기본정보

구분	예언자
외국어 표기	그리스어: Μαντώ
어원	예언, 예언자
관련 신화	에피고노이의 테바이 점령

인물관계

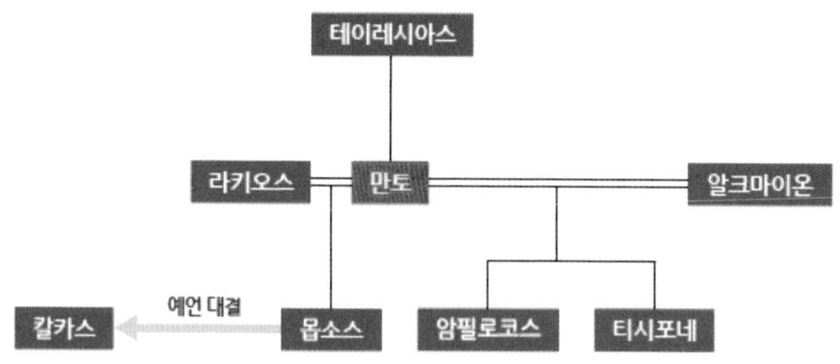

만토는 테바이의 예언자 테이레시아스의 딸로, 크레타 사람 라키오스와 결혼하여 예언자 몹소스를 낳았다. 만토는 또 '에피고노이(테바이

를 공격한 7장군의 후손)'의 한 명인 알크마이온과 사이에서 암필로코스와 티시포네를 낳았다고도 한다.

신화이야기

델포이의 무녀가 된 만토

만토는 테바이의 전설적인 장님 예언자 테이레시아스의 딸로 아버지로부터 예언 능력을 물려받았다.

만토
15~16세기, 보카치오(Boccace)의 『뛰어난 여성들에 대하여』에 실린 삽화

만토는 테바이를 공략한 7장군의 후손들인 '에피고노이'가 아르고스의 군대를 이끌고 테바이를 점령했을 때 아버지 테이레시아스와 함께 피난길에 올랐다. 하지만 테이레시아스가 하리아르토스에서 갑자기 숨을 거두자 아버지의 장례를 치르느라 시간을 지체하다가 추격하는 아르고스 군대에 포로로 붙잡히고 말았다. 아르고스인들은 전쟁 전에 아폴론 신에게 '전리품 중 가장 아름다운 것'을 바치기로 한 맹세에 따라 만토를 델포이 신전에 바쳤다. 그녀는 오랫동안 델포이 신전에서 무녀 시빌레 역할을 수행하며 예언 능력을 연마하였다. 이때 그녀는 에피고노이의 한 명인 알크마이온과 사이에서 암필로코스와 티시포네를 낳았다.

아폴론의 신탁소 클라로스의 건설자

이후 만토는 소아시아에서 식민지를 건설하라는 아폴론의 신탁에 따라 다른 테바이 포로들을 데리고 소아시아로 건너가 콜로폰에 아폴론의 신탁소 클라로스를 세웠다. 그리고 그곳에서 크레타인 라키오스와 결혼하여 훗날 칼카스와 유명한 예언 대결을 벌이는 아들 몹소스를 낳았다.('몹소스' 참조)

또 다른 전승에 따르면 만토는 나중에 이탈리아로 건너가서 티베르 강의 하신 티베리누스와 결혼하여 아들 아우크누스를 낳았다고 한다. 아우크누스는 이탈리아에 어머니의 이름을 딴 도시 만토바를 건설하였다.

메가라 Megara

요약

그리스 신화에 나오는 테바이 왕 크레온의 딸이자 영웅 헤라클레스의 첫 번째 아내이다.

헤라클레스와 사이에서 세 아들을 낳았지만 헤라 여신의 저주로 광기에 사로잡힌 헤라클레스의 손에 자식들과 함께 죽임을 당한다.

기본정보

구분	공주
외국어 표기	그리스어: Μεγάρα
관련 신화	헤라클레스

인물관계

메가라는 테바이 왕 크레온의 맏딸로 알려져 있다. 메가라의 아버지 크레온은 카드모스에 이어 제2대 테바이 왕에 오른 펜테우스의 후손으로, 오이디푸스의 외숙부 크레온과 동일 인물로 여겨진다. 그러므로 메가라는 크레온과 에우리디케 사이에서 태어난 하이몬, 메가레우스 등과 형제간이다.

메가라는 헤라클레스와 사이에서 세 아들 테리마코스, 데이코온, 크레온티아데스를 낳았다.

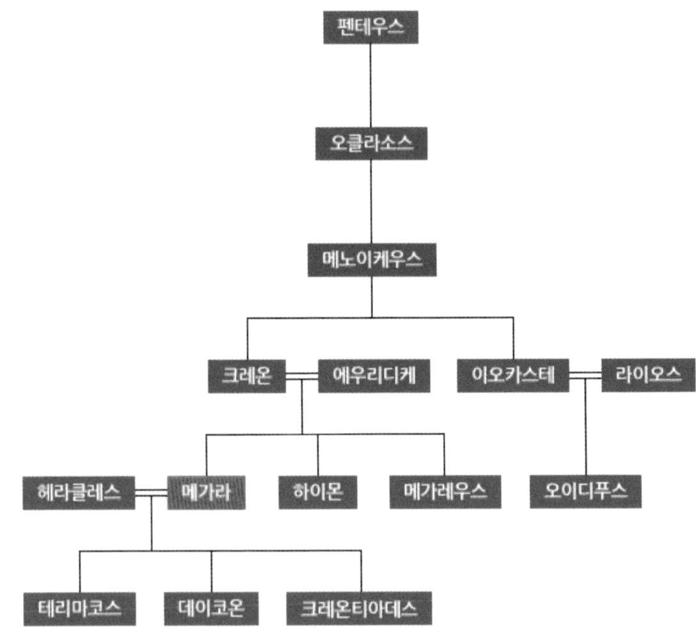

신화이야기

헤라클레스의 아내가 된 메가라

오르코메노스 왕 클리메노스는 온케스토스에서 열린 포세이돈 축제에 참가했다가 사소한 시비 끝에 테바이의 귀족 메노이케우스의 마부 페리에레스가 던진 돌에 맞아 목숨을 잃는다. 클리메노스 왕은 죽어가면서 아들 에르기노스에게 복수를 당부했고 아버지에 이어 오르코메노스의 왕위에 오른 에르기노스는 곧바로 군대를 소집하여 테바이를 공격했다. 테바이는 이 전쟁으로 많은 병사와 주민을 잃었을뿐만 아니라 향후 20년 동안 매년 100마리의 소를 조공으로 바쳐야 하는 처지에 빠지고 말았다.

하지만 당시 테바이에 거처를 두고 있던 헤라클레스는 이 조공에 반대했다. 키타이론 산의 사자를 사냥하고 테바이로 돌아오던 헤라클레스는 조공을 받으러 테바이로 가는 에르기노스 왕의 사신들과 마주치자 그들의 코와 귀를 베어 목에 걸게 한 다음 그것이 조공이니 에르기노스에게 갖다 주라며 돌려보냈다. 이같은 모욕에 분노한 에르기노스는 당장 다시 군사를 일으켜 테바이로 향했다.

에르기노스는 테바이의 왕 크레온에게 헤라클레스를 자신에게 넘기고 항복할 것을 요구했고, 두려움에 빠진 크레온 왕은 에르기노스의 요구에 응하려 했다. 그러나 헤라클레스는 쌍둥이 동생 이피클레스와 함께 테바이의 젊은이들을 소집하고 자신은 아테나 여신에게서 받은 무기로 무장을 한 뒤 에르기노스의 군대와 전투를 벌였다.

헤라클레스는 결국 이 전쟁에서 승리하였고 에르기노스도 죽였다. 헤라클레스는 오르코메노스를 정복하고 에르기노스가 테바이에 부과한 조공의 두 배를 테바이에 바치게 하였다. 테바이 왕 크레온은 헤라클레스의 공을 치하하기 위해 딸 메가라를 아내로 주었다.

광기에 사로잡힌 헤라클레스

메가라와 헤라클레스는 테바이에서 세 아들을 낳으며 행복하게 살았다. 그런데 헤라클레스가 잠시 테바이를 떠나 있는 동안 에우보이아 출신의 리코스라는 자가 테바이로 쳐들어왔다. 그는 크레온 왕을 죽이고 테바이를 점령한 다음 메가라와 그 자식들마저 죽이려 하였다. 하지만 그 순간 헤라클레스가 돌아와 리코스를 죽이고 처자식을 구했다. 헤라클레스는 아버지 제우스에게 감사의 제사를 올렸는데 이를 본 헤라가 다시 질투심에 사로잡혀 헤라클레스를 미치게 만들었다. 광기에 사로잡힌 헤라클레스는 메가라와 세 아들을 활로 쏘아 죽인 뒤 이를 말리는 아버지 암피트리온마저 죽이려 했는데 아테나가 개입하여 그를 깊은 잠에 빠뜨렸다. 잠에서 깨어나 정신을 차린 헤라클레스는 자신이 저지른 짓을 알고 스스로 목숨을 끊으려 했지만 테세우스가 이를 저지하였다.

이설에 따르면 광기에 사로잡힌 헤라클레스의 손에 세 아들은 죽임을 당하지만 메가라는 살아 남았으며 자신이 남편으로 부적합하다는 것을 인정한 헤라클레스가 그녀를 조카 이올라오스와 결혼시켰다고 한다. 그밖에도 자식들이 아닌 메가라만 헤라클레스에게 죽임을 당했다는 이야기도 있다. 메가라가 남편 몰래 가인(歌人)과 바람을 피워 헤라클레스가 두 사람을 죽였다는 것이다. 하지만 테바이에는 부정한 짓을 저지른 여인에게 사형을 내리는 법이 있었기 때문에 헤라클레스는 아내를 죽인 죄로 처벌받지 않고 무사히 테바이를 떠날 수 있었다고 한다. 테바이에는 아버지 헤라클레스에게 죽임을 당한 메가라의 세 아들의 무덤이 있었으며 해마다 이들에게 제사도 지냈다고 한다.

헤라클레스의 광기
적색상 도기, 기원전 350년경,
스페인 국립고고학박물관

한편 델포이의 신탁은 살인죄를 저지른 헤라클레스에게 미케네로 가서 에우리스테우스 왕의 노예가 되어 그가 시키는 일들을 하라고 명했다. 그렇지 않아도 헤라클레스의 엄청난 힘과 왕위계승권을 두려워하던 에우리스테우스는 그에게 10가지의 몹시 어려운 과업을 부과했는데 이는 결과적으로 헤라클레스를 그리스 최고의 영웅으로 만들어 신의 반열에 오르게 해주었다.('에우리스테우스' 참조)

메가펜테스 Megapethes, 왕

요약

그리스 신화에 나오는 티린스의 왕이다.

메가펜테스는 부왕 프로이토스에 이어 티린스의 왕위에 오른 다음 아르고스의 왕위계승권자인 페르세우스와 왕국을 교환하여 아르고스의 왕이 되었다.

기본정보

구분	왕
외국어 표기	그리스어: Μεγαπένθης
어원	큰 슬픔
관련 신화	페르세우스의 모험
가족관계	프로이토스의 아들, 아낙사고라스의 아버지

인물관계

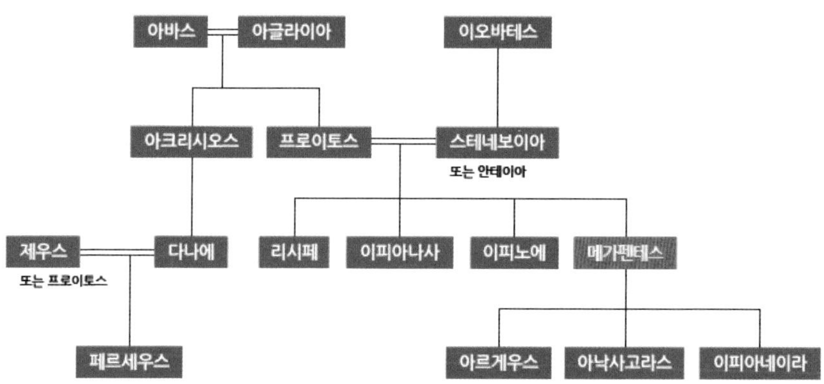

메가펜테스는 티린스의 왕 프로이토스가 이오바테스의 딸 스테네보이아(혹은 안테이아)와 결혼하여 낳은 아들이다. 그에게는 광기에 들러 나라를 혼란에 빠뜨렸던 세 누이 이피노에, 리시페, 이피아나사가 있다. 메가펜테스는 슬하에 아들 아르게우스와 아낙사고라스, 딸 이피아네이라를 두었다. 아낙사고라스는 아르게우스의 아들로 메가펜테스의 손자라는 이야기도 있다.

신화이야기

티린스 왕국의 건립

쌍둥이 형제 아크리시오스와 프로이토스는 부왕 아바스가 죽은 뒤 아르고스의 왕위를 놓고 다투었다. 왕권 경쟁에서 패한 프로이토스는 리키아로 가서 그곳의 왕 이오바테스에게 몸을 의탁했다.

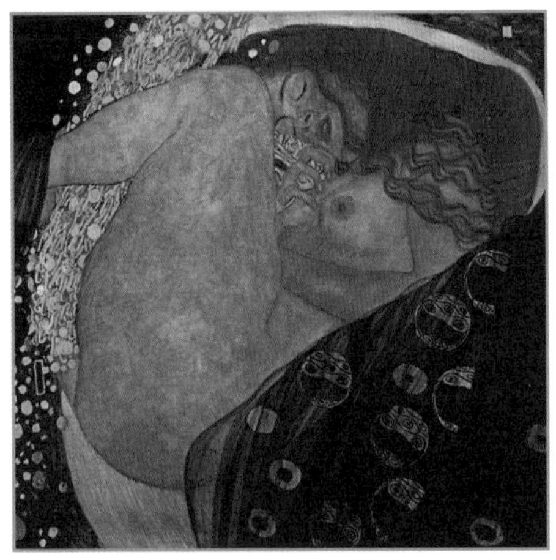

황금비를 맞는 다나에
구스타프 클림트(Gustav Klimt), 1908년, 레오폴트 미술관

그는 이오바테스의 딸 스테네보이아(혹은 안테이아)와 결혼하여 왕의 사위가 된 뒤 리키아군을 이끌고 다시 아르고스로 가서 아크리시오스를 공격했다. 하지만 싸움이 승부가 나지 않자 두 형제는 왕국을 둘로 갈라 나누어 갖기로 했다. 아크리시오스는 남부 지역을 차지하고 왕국의 이름을 그대로 아르고스로 하였고 프로이토스는 북부 지역에 티린스라는 이름의 새로운 왕국을 건설하였다.

프로이토스와 스테네보이아 사이에는 세 명의 딸 이피노에, 리시페, 이피아나사와 아들 메가펜테스가 태어났다. 메가펜테스는 프로이토스의 세 딸이 광기가 들어 펠로폰네소스 전역을 떠돌며 미친 짓을 하고 있을 때('프로이토스' 참조) 태어났기 때문에 '큰 슬픔'이라는 뜻의 '메가펜테스'라는 이름을 얻게 되었다.

프로이토스 딸들의 광기는 예언자 멜람푸스가 치료해 주었다. 하지만 멜람푸스는 그 대가로 자신과 동생 비아스에게 각각 나라의 3분의 1을 떼어달라고 요구했고 프로이토스는 그 요구를 들어주었다. 메가펜테스는 부왕 프로이토스가 죽은 뒤 3분의 1로 줄어든 티린스의 왕위에 올랐다.

왕국의 교환

한편 아르고스의 왕 아크리시오스에게는 아들은 없고 다나에라는 딸만 하나 있었다. 아들을 얻고 싶었던 아크리시오스는 신탁에 그 여부를 물었다. 신탁은 그에게 아들은 없고 딸 다나에의 몸에서 손자를 얻게 될 터인데 그가 손자에 의해 목숨을 잃게 될 것이라고 말했다. 아크리시오스는 신탁의 예언을 피해보려고 다나에를 지하의 청동 방에 가두었지만 소용이 없었다. 다나에는 얼마 뒤 임신을 하여 아들을 낳았는데 이 아이가 바로 영웅 페르세우스이다.

아이의 아버지는 황금비로 변하여 다나에의 몸 속으로 파고든 제우스였다고도 하고 아크리시오스의 운명을 앞당기기 위해 프로이토스가 다나에를 유혹하여 임신시켰다고도 한다. 어머니와 함께 궤짝 속에 들어가 바다에 버려진 페르세우스는 제우스의 보살핌으로 세리포스 섬의 어부 딕티스에게 발견되어 그의 집에서 자랐다.

성인이 된 페르세우스는 어머니와 함께 아르고스로 돌아가고자 하였다. 이 소식을 들은 노왕 아크리시오스는 손자를 피해 멀리 테살리아의 라리사로 피신하였다. 그런데 마침 라리사의 왕 테우타미도스가 사망하여 장례 경기가 열렸고 페르세우스도 이 경기에 참가하게 된다. 경기에서 페르세우스는 원반을 잘못 던져 경기를 구경하던 아크리시오스를 맞혔고 신탁의 예언대로 아크리시오스는 손자의 손에 죽고 말았다.

외할아버지 아크리시오스가 죽은 뒤 페르세우스는 아르고스 왕국을 물려받았지만 할아버지를 죽인 죄책감에 이 나라를 다스리고 싶은 마음이 없었다. 페르세우스는 프로이토스에 뒤이어 티린스의 왕이 된 메가펜테스에게 아르고스와 티린스를 교환하자고 제안하였고, 왕국이 3분의 1로 줄어든 메가펜테스는 페르세우스의 제안을 기꺼이 받아들였다. 이때부터 아르고스는 프로이토스의 후손들이 다스리게 된다. 페르세우스는 새로 차지한 영토에 미케네 왕국을 건설하였다.

또 다른 이야기에 따르면 메두사의 목을 베어온 페르세우스가 아르고스를 포위하고 할아버지 아크리시오스를 공격하는 프로이토스에게 메두사의 머리를 보여 돌로 만들어버렸고 나중에 메가펜테스가 페르세우스를 죽여 아버지의 원수를 갚았다고 한다.

메가펜테스 Megapenthes, 왕자

요약

그리스 신화에 나오는 스파르타의 왕 메넬라오스의 서자이다.

메넬라오스가 죽은 뒤 잠시 나라를 다스렸지만 서출이어서 왕위계 승권이 없는 탓에 선왕의 사위 오레스테스에게 왕위를 내주어야 했다.

기본정보

구분	왕자
상징	천한 출신, 첩의 자식
외국어 표기	그리스어: Μεγαπένθης
어원	큰 슬픔
관련 신화	트로이 전쟁, 오디세우스의 모험

인물관계

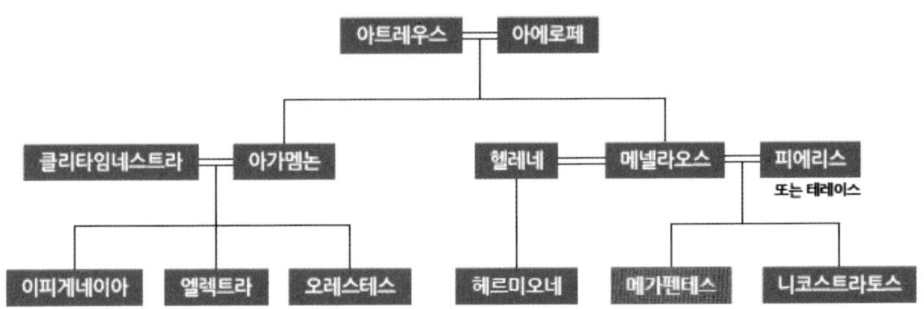

메가펜테스는 스파르타의 왕 메넬라오스가 계집종 피에리스(혹은 테레이스)에게서 얻은 아들로 니코스트라토스와 형제지간이다.

메넬라오스와 정실 부인 헬레네 사이에서는 딸 헤르미오네가 태어났다. 헤르미오네는 아킬레우스의 아들 네오프톨레모스와 결혼했다가 나중에 다시 아가멤논의 아들 오레스테스와 재혼했다.

신화이야기

큰 슬픔 속에 태어난 아들

메가펜테스는 '큰 슬픔'이란 뜻이다. 스파르타 왕 메넬라오스의 아들이 '큰 슬픔'이란 이름을 갖고 태어나게 된 연유는 다음과 같다.

메넬라오스 왕은 수많은 경쟁자들을 물리치고 그리스 최고의 미녀 헬레네를 아내로 맞았다. 그러나 미의 여신 아프로디테의 지원을 받는 트로이의 왕자 파리스가('파리스' 참조) 스파르타를 방문했을 때 왕비 헬레네를 유혹하는데 성공했고, 헬레네는 남편을 버리고 파리스를 따라 트로이로 애정의 도피에 나섰다. 졸지에 아내를 도둑맞은 메넬라오스는 트로이에 전쟁을 선포한다. 그리스의 다른 나라들은 '구혼자의 맹세'에 따라 메넬라오스에게 협력해야 했기 때문에('메넬라오스' 참조) 그리스 전역을 총망라하는 연합군이 결성되었다. 그리스 연합군은 메넬라오스의 형 아가멤논을 총사령관으로 삼아 대대적인 트로이 원정에 나서게 된다.

메가펜테스는 아내 헬레네를 잃고 비탄에 잠긴 메넬라오스가 트로이 전쟁 중에 계집종 피에리스(혹은 테레이스)와 관계하여 태어난 아들이다.

헬레네의 추방과 왕위 계승

트로이를 함락시킨 메넬라오스는 데이포보스의 집에서 헬레네를 찾아냈다. 메넬라오스는 헬레네를 당장에 죽이려 했지만 헬레네의 미모와 아프로디테의 방해로 행동에 옮기지 못했다. 그는 헬레네를 그리스로 데려가서 죽이겠다고 사람들 앞에서 다짐했지만 결국 이 말도 지키지 못했다. 스파르타로 돌아온 메넬라오스와 헬레네는 결국 다시 부부가 되어 함께 살았다.

헬레네를 되찾은 메넬라오스
아티카 적색상도기, 기원전 440년, 루브르 박물관

메가펜테스는 서출이지만 아버지 메넬라오스의 총애를 받으며 자랐다. 메넬라오스는 그와 알렉토르의 딸 이필로케의 결혼식도 성대하게 치러주었다.

메넬라오스가 죽은 뒤 메가펜테스는 동생(혹은 이복동생) 니코스트라토스와 함께 헬레네를 스파르타에서 추방하고 잠시 나라를 다스리게 되었다. 하지만 스파르타인들은 서자인 그를 메넬라오스 왕의 후계자 명단에서 제외시켰고 결국 왕위는 오레스테스에게로 돌아갔다. 오레스테스는 메넬라오스와 헬레네 사이의 유일한 소생인 딸 헤르미오네와 결혼한 선왕의 사위일뿐만 아니라 메넬라오스의 형인 미케네의 왕 아가멤논의 유일한 아들이기도 했던 것이다.

메가펜테스의 그 이후 행적에 관해서는 알려진 바가 없으며 헬레네는 스파르타에서 추방당한 뒤 로도스의 폴릭소로 갔다고 한다. 하지만 또 다른 전승에 따르면 메넬라오스는 헬레네와 오랜 세월을 함께 한 뒤 죽음을 맞았고 그 후 이집트에서 만났던 프로테우스의 예언대로 헬레네와 함께 복된 땅 엘리시온 들판에 들어갔다고 한다.

메네스테우스 Menestheus

요약

메네스테우스는 트로이 전쟁 당시 아테네를 다스렸던 전설적인 왕이다. 그는 아테네 왕 테세우스가 페르세포네를 데려오기 위해 하계로 내려간 사이 아테네를 점령한 디오스쿠로이 형제에 의해 아테네의 왕이 되었다. 하지만 트로이 전쟁이 끝난 뒤 테세우스의 아들 데모폰에게 다시 아테네의 왕좌를 빼앗기고 멜로스 섬으로 가서 그곳의 왕이 되었다.

기본정보

구분	왕
외국어 표기	그리스어: Μενεσθεύς
관련 신화	트로이 전쟁, 디오스쿠로이의 아테네 원정
가족관계	페테오스의 아들

인물관계

메네스테우스는 아테네의 시조로 간주되는 에레크테우스(호메로스는 『일리아스』에서 아테네를 "에레크테우스의 땅"이라고 불렀다)의 자손으로 테세우스와 혈족이다. 그의 아버지는 오르네우스의 아들 페테오스이다.

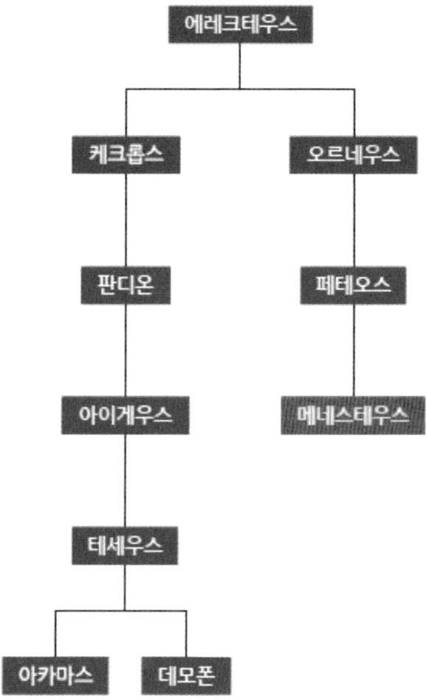

신화이야기

아테네의 왕위에 오르다

아테네 왕 테세우스는 친구 페이리토오스와 서로 제우스의 딸을 아내로 맞기로 약속했다. 테세우스가 신붓감으로 고른 여인은 미녀 헬레네였고 페이리토오스는 하계에 납치된 페르세포네를 선택했다. 테세우스와 페이리토오스는 먼저 헬레네를 납치하여 아테네에 데려다 놓고 페르세포네를 데려오기 위해 하계로 내려갔다. 하지만 두 사람은 하데스의 술책으로 망각의 의자에 앉아 이승에서의 일을 모두 잊고 영원히 저승에 머물러야 하는 신세가 되었다.

한편 누이동생 헬레네를 빼앗긴 디오스쿠로이 형제(카스토르와 폴리데우케스)는 아테네로 쳐들어가 아버지가 없는 동안 임시로 아테네를 다스리고 있던 데모폰과 아카마스를 내쫓고 에레크테우스의 후손 메네스테우스를 아테네의 왕위에 앉혔다. 나중에 헤라클레스에 의해 저승에서 풀려난 테세우스가 아테네로 돌아왔지만 메네스테우스는 그를 스키로스 섬으로 쫓아냈다. 스키로스 섬의 왕 리코메데스는 테세우스가 자신의 왕위를 빼앗을까 두려워 그를 절벽에서 밀어 살해하였다.

트로이 원정에 나서다

메네스테우스는 헬레네에게 구혼했던 사람 중 한 명으로 트로이 전쟁에도 참전하였다. 호메로스의 『일리아스』에 따르면 그는 오십 척의 배에 아테네 병사들을 싣고 트로이로 왔다고 한다. 메네스테우스는 목마에 숨어 트로이 성에 잠입한 사십 명의 용사 명단에도 이름을 올리고 있다.

트로이 전쟁 이후의 행적에 대해서는 이야기가 나뉜다. 일설에는 트로이 전쟁에서 전사했다고 하고 또 다른 이야기에 따르면 트로이가 패망한 뒤 귀국길에 올랐지만 마찬가지로 트로이 전쟁에 참전했던 테세우스의 아들 데모폰이 먼저 아테네로 귀환한 사실을 전해듣고는 멜로스 섬으로 가서 때마침 사망한 폴리아낙스 왕의 뒤를 이어 그곳의 왕이 되었다고 한다.

메네스테우스가 죽은 뒤(혹은 떠난 뒤) 아테네의 왕위는 다시 테세우스의 자손들에 의해 계승되었다.

헬레네를 유괴하는 테세우스
아티카 적색상도기, 기원전 510년, 뮌헨 국립고대미술박물관

메넬라오스 Menelaus

요약

그리스 신화에 나오는 스파르타의 왕으로 미녀 헬레네의 남편이자 아가멤논의 동생이다. 트로이의 왕자 파리스가 납치한 아내를 되찾기 위해 아가멤논과 함께 트로이 전쟁을 일으킨다.

기본정보

구분	스파르타의 왕
상징	오쟁이 진 남편
외국어 표기	그리스어: Μενελαος
관련 신화	트로이 전쟁
가족관계	아가멤논의 형제, 헬레네의 남편, 아트레우스의 아들, 아에로페의 아들

인물관계

메넬라오스는 미케네의 왕 아트레우스와 아에로페 사이에서 난 아들로 아가멤논과 형제지간이며 저주받은 탄탈로스 가문의 후손이다. 스파르타 틴다레오스 왕의 딸 미녀 헬레네와 결혼하여 딸 헤르미오네와 아들 니코스트라토스를 낳았다.

일설에 따르면 메넬라오스와 아가멤논은 아트레우스가 아니라 그의 아들 플레이스테네스의 자식들이며 플레이스테네스가 이른 죽음을 맞은 뒤 조부 아트레우스의 손에 양육된 것이라고도 한다.

신화이야기

헬레네와의 결혼

틴다레오스의 딸 헬레네는 그리스 최고의 미녀로 알려진 탓에 구혼자가 아주 많았다. 구혼자들은 모두 빼어난 용사들로 몹시 호전적이었으며 심지어 테세우스는 그녀를 납치하기도 했다. 그래서 걱정이 태산인 틴다레오스에게 오디세우스는 구혼자들을 모두 한자리에 불러 모은 다음 맹세를 시키라고 조언했다. 헬레네가 누구를 남편으로 선택하든 선택받은 사람의 권리를 지켜주고 부부를 보호해 주겠다는 맹세였다. 헬레네는 결국 메넬라오스를 남편으로 선택했고 두 사람 사이에서는 딸 헤르미오네가 태어났다.(호메로스는 『오디세이아』에서 헤르미오네를 두 사람의 유일한 자식으로 언급했다)

다른 이야기에 따르면 두 사람 사이에는 니코스트라토스라는 아들도 있었다. 또 다른 이야기에서 니코스트라토스는 메넬라오스와 피에리스(혹은 테레이스)라는 계집종 사이에서 난 아들이고 메가펜테스와 형제지간이었으며, 메넬라오스는 님페 크노시아에게서 크세노다모스라는 아들도 얻었다.

틴다레오스는 아들 디오스쿠로이(쌍둥이 카스토르와 폴리데우케스) 형제가 죽고 난 뒤에 스파르타의 왕위를 사위 메넬라오스에게 물려 주었다. 일설에 따르면 헬레네와 디오스쿠로이는 모두 틴다레오스의 아내 레다와 제우스 사이에서 태어난 자식들이라고 한다. 디오스쿠로이는 '제우스의 자식들'이라는 뜻이다.

헬레네의 납치와 트로이 전쟁

헤르미오네가 아홉 살이 되었을 무렵 트로이의 왕자 파리스가 메넬라오스의 궁으로 찾아온다. 파리스는 트로이에서 과실로 살인을 저지르고 피신을 왔던 것인데, 메넬라오스는 트로이에서 자신을 환대해 준 적이 있었던 파리스를 관대히 맞아 주었고 살인죄도 정화시켜 주었다. 그리고 신탁이 경고했음에도 불구하고 아내와 파리스를 남겨둔

메넬라오스와 파리스의 결투를 지켜보는 아르테미스와 아프로디테
적색상 도기, 기원전 490년경, 카푸아에서 출토

채 외할아버지 카트레우스의 장례식에 참석하러 크레타 섬으로 갔다. 파리스는 그 틈을 타서 헬레네와 함께 사랑의 도주를 한다.

크레타 섬에서 이 소식을 들은 메넬라오스는 서둘러 스파르타로 돌아왔다. 그는 오디세우스 등과 함께 트로이로 가서 아내의 반환을 요구했지만 파리스는 귀향길에 폭풍우를 만나는 바람에 트로이로 돌아오지 못하고 키프로스로, 페니키아로 떠돌고 있었다. 허탕을 치고 스파르타로 돌아온 메넬라오스는 헬레네의 옛 구혼자들에게 틴다레오스에게 했던 맹세를 상기시키며 실추된 그리스인의 명예를 되찾기 위한 전쟁을 그리스 전역에 촉구하였다. 이에 미케네의 왕 아가멤논을 총사령관으로 한 그리스 연합군이 아울리스 항에 집결하여 천여 척의 선박을 이끌고 트로이 원정에 나선다.

파트로클로스의 시체를 되찾아오는 메넬라오스

기원전 3세기 헬레니즘 조각의 로마 시대 복사품, 피렌체 로지아 회랑

트로이 전쟁이 십년이 넘도록 끝날 기미가 안 보이자 양측은 당사자인 파리스와 메넬라오스의 결투로 최종 결말을 짓고자 했다. 결투는 메넬라오스에게 유리하게 진행되었지만 결정적인 순간에 파리스를 총애하는 아프로디테가 그를 구름에 감싸 헬레네의 침실로 데려가는 바람에 승부를 가리지 못하고 끝난다. 메넬라오스의 용맹은 트로이군 진영에서 숨진 파트로클로스의 시체를 둘러싼 싸움에서도 빛을 발했다. 그는 가장 먼저 전투에 뛰어들어 에우포르보스와 포데스를 죽이고 파트로클로스의 시체를 되찾아 오는 공을 세웠다.

목마 속 그리스 용사의 일원으로 트로이를 함락시킨 뒤에 메넬라오스가 헬레네를 찾은 곳은 파리스의 형제인 데이포보스의 집에서였다.

파리스가 필록테테스의 화살에 죽자 트로이인들이 헬레네를 데이포보스에게 주었던 것이다. 메넬라오스는 헬레네를 당장에 죽이려 했지만 헬레네의 미모와 아프로디테의 방해로 행동에 옮기지 못했다. 그는 헬레네를 그리스로 데려가서 죽이겠다고 사람들 앞에서 다짐했지만 결국 이 말도 지키지 못했다.

귀향

메넬라오스와 헬레네의 귀향길은 오디세우스의 여정 못지않게 험난했다. 이는 신들에 대한 대접을 소홀히 한 탓이었다. 승리를 거둔 뒤 아가멤논이 트로이에 남아 아테나 여신이 분노하지 않도록 제물을 바치는 동안 메넬라오스가 서둘러 귀로에 올랐던 것이다. 그는 오십 척의 선박 중 다섯 척만 남기고 모두 잃었으며 키잡이마저 아폴론에게 죽임을 당했다. 남은 사람들은 사방으로 표류하다가 결국 이집트까지 가게 되지만 메넬라오스는 그곳에서 5년을 머물며 큰 부를 쌓기도 했다.

메넬라오스와 파리스의 결투
요한 하인리히 티슈바인(Johann Heinrich Tischbein), 1757년

마침내 이집트를 떠나 스파르타로 향한 메넬라오스 일행은 바람 한 점 불지 않는 날씨 탓에 파로스 섬에 발이 묶여 있다가 해신 프로테우스의 조언에 따라 신들에게 제물을 바치고 나서야 다시 고향으로 돌아갈 수 있었다.

또 다른 이야기에 따르면 메넬라오스는 이집트에서 비로소 진짜 헬레네와 만났다고 한다. 헬레네는 파리스와 바다를 표류하다 이집트에 닿았을 때 이곳에 남았고, 파리스가 트로이로 데려간 헬레네는 구름으로 이루어진 환영이었다는 것이다. 이로써 트로이 전쟁의 피비린내 나는 싸움은 한갓 구름을 차지하기 위한 것이 되어 버렸지만 제우스는 신의 혈통을 받은 고귀한 인간들과 영웅들의 명예를 드높이기 위해 이 전쟁을 원했다고 고대의 비극 작가 에우리피데스는 해석했다.

메넬라오스가 트로이 전쟁을 끝내고 이집트에 도착하자 가짜 헬레네는 허공으로 사라지고 진짜 헬레네와 메넬라오스의 상봉이 이루어졌다. 메넬라오스는 헬레네와 오랜 세월을 함께 한 뒤 죽음을 맞았고 그 후 이집트에서 만났던 프로테우스의 예언대로 헬레네와 함께 복된 땅 엘리시온 들판에 들어갔다.

메데이아 Medea

요약

그리스 신화에 나오는 마녀이다.

그녀는 아르고호 원정대를 이끌고 도착한 이아손에게 반해서 아버지인 콜키스의 왕 아이에테스를 배신하고 이아손이 황금양털을 손에 넣을 수 있도록 도와준 뒤 그와 결혼하였다. 하지만 나중에 이아손이 자신을 배신하고 코린토스의 왕 크레온의 딸 글라우케와 결혼하려 하자 글라우케와 크레온을 독살하고 이아손과 사이에서 낳은 자신의 두 아들마저 제 손으로 죽여 이아손에게 복수하였다.

기본정보

구분	신화 속 여인, 마녀
상징	배신, 복수
외국어 표기	그리스어: Μήδεια
별칭	메데아, 메디아(Medea)
관련 상징	용이 끄는 수레
관련 신화	아르고호 원정, 이아손, 테세우스

인물관계

메데이아는 헬리오스의 아들인 콜키스 왕 아이에테스와 오케아노스의 딸 이디이아 사이에서 태어난 딸로, 마녀 키르케의 조카이다. 하지만 전승에 따라 메데이아는 모든 마녀들의 우두머리인 헤카테의 딸로 언급되기도 한다.

메데이아는 이아손과 사이에서 아들 메데이오스와 딸 에리오피스, 혹은 두 아들 페레스와 메르메로스를 낳았고, 테세우스의 아버지인 아테네 왕 아이게우스와 사이에서 메도스를 낳았다. 그밖에도 메데이아는 죽지 않고 행복의 땅 엘리시온으로 가서 그곳에서 아킬레우스와 결혼했다는 이야기도 있다.

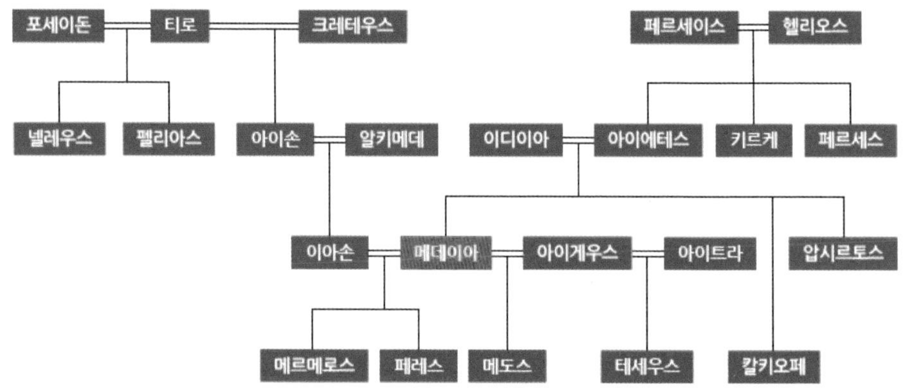

신화이야기

콜키스의 황금양털

메데이아의 아버지 아이에테스 왕이 콜키스를 다스리고 있을 때 보이오티아의 왕 아타마스의 아들 프릭소스가 계모 이노의 박해를 피해 황금빛 털을 지닌 숫양을 타고 콜키스로 왔다. 아이에테스는 황금빛 숫양을 타고 하늘에서 내려온 프릭소스를 환대하고 자신의 딸 칼키오페와 결혼시켰다. 프릭소스는 타고 온 숫양을 제우스에게 제물로 바친 뒤 그 가죽을 아이에테스에게 선물하였고 아이에테스는 신비한 숫양의 황금양털을 성스러운 아레스의 숲에 있는 떡갈나무에 걸어놓고 결코 잠들지 않는 용으로 하여금 지키게 하였다.

프릭소스가 숫양을 타고 보이오티아에서 콜키스로 날아올 때 그의 쌍둥이 누이 헬레도 동행했는데 헬레는 날아가던 중 숫양의 등에서 떨어지는 바람에 바다에 빠져 죽고 말았다. 헬레가 빠져 죽은 바다는 그때부터 헬레스폰토스(헬렌의 바다)라고 불렸다.

이아손과 아르고호 원정대

얼마 뒤 이아손이 이끄는 아르고호 원정대가 황금양털을 가져가려고 콜키스를 찾아왔다. 콜키스의 황금양털을 가져오는 것은 이올코스의 왕 펠리아스가 이아손에게 왕권을 돌려주는 조건으로 내세운 과제였다.(펠리아스는 이올코스의 적법한 왕위계승자였던 이아손의 아버지 아이손에게서 왕권을 빼앗고 왕이 된 인물이다. '펠리아스' 참조) 하지만 아이에테스 왕은 황금양털을 빼앗기지 않으려고 이아손에게 도저히 실행하기 어려운 과제를 내주었다. 아이에테스가 제시한 과제는 콧구멍으로 불길을 내뿜는 황소에게 멍에를 씌워 밭을 갈고 그 밭에 용의 이빨을 뿌리라는 것이었다. 이때 이아손에게 도움의 손길을 내민 사람이 바로 아이에테스 왕의 딸인 마녀 메데이아였다.

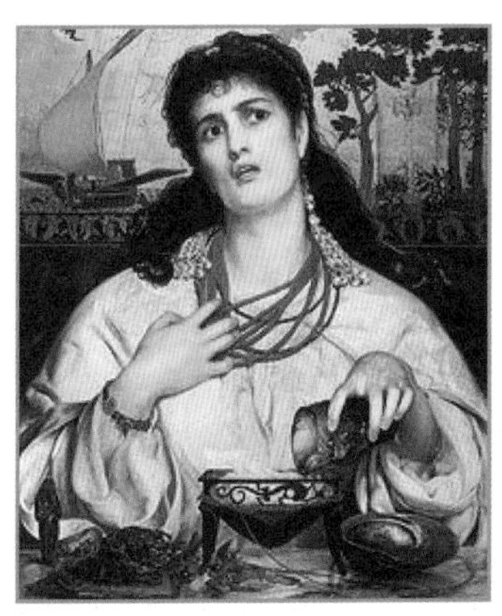

메데이아
프레데릭 샌디스(Frederick Sandys), 1868년, 버밍엄 미술관

이아손에게 첫눈에 반한 메데이아는 황금양털을 얻도록 도와주겠다며 그 대신 황금양털을 가지고 돌아갈 때 자신도 데려가서 결혼해달라고 했고, 이아손은 메데이아의 제안을 받아들였다. 하지만 메데이아가 이아손에게 순식간에 반한 것은 헤라 여신의 작품이라는 이야기도 있다. 헤라가 이아손을 도와 펠리아스를 벌하기 위해 아프로디테 여신에게 부탁하여 메데이아를 사랑에

빠지게 하였다는 것이다.(펠리아스는 자기 어머니를 괴롭히던 계모 시데로를 여신의 신전에까지 따라 들어가 살해한 일로 헤라의 신노를 사고 있었다. '펠리아스' 참조) 하지만 또 다른 이야기에 따르면 이아손 일행이 도착할 당시 메데이아는 이방인들에게 적대적인 아버지 아이에테스 왕에게 반대하다 왕으로부터 핍박을 받고 있던 중이었다고 한다.

남동생 압시르토스를 살해한 메데이아

이아손은 메데이아의 지혜와 마법 덕분에 아이에테스 왕의 과제를 모두 해결하고 또 용이 지키는 황금양털도 손에 넣을 수 있었다. 메데이아는 아버지 아이에테스 왕의 궁을 빠져나갈 때 이복동생 압시르토스를 납치해서 아르고호에 태우고 콜키스를 떠났다. 그러고는 아버지가 배를 타고 뒤쫓아 올 때 남동생을 죽여 그 사지를 하나씩 바다에 던졌다. 아이에테스 왕은 바다에 던져진 어린 아들의 사지를 모두 건져내느라 시간을 지체했다. 죽은 아들의 장례를 치르려면 그렇게 할 수밖에 없었던 것이다. 그 덕분에 이아손 일행은 아이에테스 왕의 추격을 벗어날 수 있었다.

하지만 메데이아의 잔인한 행동에 분노한 제우스는 폭풍우를 일으켜 아르고호의 항로를 가로막았다. 이아손 일행은 예언능력을 지닌 말하는 떡갈나무로 만든 뱃머리가 일러준 대로 죄를 씻기 위해 메데이아의 고모인 마녀 키르케를 찾아갔다.

마법의 약으로 용을 잠들게 하는 메데이아
크리스티안 다니엘 라우흐(Christian Daniel Rauch), 1818년, 프리드리히스베르더 교회

키르케는 기꺼이 질녀의 죄를 씻어주는 정화 의식을 베풀어 주지만 나중에 자세한 내용을 듣고는 그녀의 가공할 행위에 놀라 이아손 일행을 자신의 섬에서 내쫓아버렸다.

메데이아와 이아손의 결혼

이아손과 메데이아
존 윌리엄 워터하우스(John William Waterhouse), 1907년, 개인 소장

아이에테스 왕은 추격을 포기하지 않았다. 그는 날랜 배와 병사들로 추격대를 구성하여 아르고호의 뒤를 쫓게 하였다. 메데이아와 이아손 일행이 추격대를 피해 파이아케스인들의 섬에 도착했을 때 그곳의 왕 알키노오스와 왕비 아레테가 이들을 따뜻하게 맞아 주었다. 하지만 곧 콜키스의 추격대도 섬에 도착하였다. 추격대는 알키노오스 왕을 찾아가 메데이아와 황금양털을 넘겨 줄 것을 콜키스 왕 아이에테스의 이름으로 정중히 요구하였다. 그러자 메데이아는 자비로운 아레테 왕비에게 도움을 청하였고 왕비는 알키노오스 왕에게 메데이아의 처지를 설명하며 그녀를 콜키스인들의 손에 넘겨 주지 말라고 부탁했다. 아내의 말을 들은 알키노오스는 메데이아가 이아손과 결혼한 몸이라면 계속 남편의 곁에 머물 수 있지만 아직 결혼하지 않았다면 그녀의 아버지 아이에테스 왕에게 돌려보낼 수밖에 없다고 대답하였다.

아레테는 남편이 잠들기를 기다렸다 메데이아에게 이 사실을 알려주었다. 아직 이아손과 결혼하지 않았던 메데이아는 그날 밤 아르고호 근처 동굴에서 이아손과 결혼식을 올렸고, 콜키스의 추격대는 더 이상 메데이아를 데려갈 수 없게 되었다. 알키노오스 왕은 아이에테스의 처벌이 두려워 콜키스로 귀환하기를 꺼리는 추격대를 모두 받아들여 자신의 섬에서 살게 해 주었다.

펠리아스의 죽음

이올코스로 돌아가는 길에 이아손은 아버지 아이손과 어머니 알키메데가 펠리아스의 거짓에 속아 죽음을 맞았다는 비보를 접하였다. 펠리아스는 아르고호가 폭풍우에 침몰하여 아들 이아손이 죽었다는 거짓 소식을 두 사람에게 전해 절망 속에 스스로 목숨을 끊게 만들었던 것이다. 이아손이 황금양털을 가지고 이올코스에 도착했을 때도 펠리아스는 약속대로 왕권을 넘겨 주려 하지 않았다. 이아손은 펠리아스가 자신의 어린 동생 프로마코스마저 살해하자 복수를 다짐하며 일단 메데이아와 함께 코린토스로 피신했다

메데이아는 이번에도 이아손을 도왔다. 그녀는 신분을 감추고 펠리아스의 딸들에게 접근하여 부쩍 늙어버린 아버지 펠리아스 왕을 다시 젊게 만들어 주겠다고 유혹했다. 메데이아는 자신의 말을 증명하기 위해 펠리아스의 딸들이 보는 앞에서 젊어지는 마법을 직접 시연해보였다. 그녀가 늙은 숫양을 죽여 잘게 썬 뒤 마법의 약초들과 함께 솥에 넣고 끓이자 잠시 후 솥에서 팔팔한 젊은 양이 뛰쳐나왔다. 이것을 본 펠리아스의 딸들은 메데이아가 가르쳐 준대로 아버지를 죽여서 잘게 썬 다음 마법의 약초들과 함께 솥에 넣고 끓였지만 펠리아스는 숫양처럼 다시 살아나지 않았다.

이아손의 배신과 메데이아의 복수

이렇게 해서 이아손은 부모의 원수를 갚았지만 아내 메데이아가 저지른 끔찍한 범죄 때문에 함께 이올코스에서 추방되어 다시 코린토스로 피신해야 했다. 그곳에서 두 사람은 몇 해 정도 나름 행복하게 지냈다. 둘 사이에서는 두 아들 메르메로스와 페레스도 태어났다. 하지

만 차츰 메데이아에게 싫증이 난 이아손은 그녀를 버리고 코린토스의 왕 크레온의 딸 글라우케와 결혼하려 했다.(이아손이 코린토스의 권력을 탐해서 메데이아를 버리고 글라우케 공주와 결혼하려 했다는 설도 있다) 크레온 왕은 콜키스의 여자는 그리스인과 정식으로 결혼할 권리가 없다는 관례를 들어 메데이아를 이아손에게서 떼어놓은 다음 아예 나라에서 추방시키려 하였다. 분노한 메데이아는 결혼식 날 신부의 옷에 독을 발라 글라우케를 살해하였다. 크레온 왕도 독 묻은 옷에 살이 타들어가는 딸을 구하려다 함께 타 죽었다.

칼을 손에 든 메데이아와 두 아들, 그리고 이아손
폼페이 벽화, 1세기, 나폴리 국립고고학박물관

메데이아의 복수는 거기서 그치지 않았다. 그녀는 남편 이아손으로부터 버림 받은 배신감에 몸을 떨며 자기 배로 낳은 자식들마저 죽이고 말았다. 에우리피데스의 동명의 비극에서 메데이아는 참혹한 복수를 앞두고 비탄의 독백을 내뱉는다.

> 눈물을 흘리며 나는 내가 저지를 참혹한 일을 생각한다.
> 나의 아이들을 죽여야만 하는 내 숙명이여!
> 누구도 이 아이들을 구해 주지 못하리라.
> 이아손의 이 핏줄들을 없애버린다면
> 내가 가장 사랑하는 아이들을 내 손으로 죽이는 이 무서운 죄는
> 나를 이 나라에서 내쫓고 말겠지….
> 이아손은 이제 내 몸으로 낳은 이 아이들을

살아있는 모습으로는 결코 다시 보지 못하리라.
새 신부도 그에게 새 아이들을 낳아 주지 못하리라.
그녀는 이제 곧 죽어야 할 목숨이니까. (에우리피데스, 『메데이아』)

용이 끄는 수레에 탄 메데이아
안드레아 스키아보네(Andrea Schiavone), 16세기
루브르 박물관

크레온 부녀와 제 자식을 모두 살해한 메데이아는 할아버지 헬리오스에게서 얻은 용이 끄는 수레를 타고 예전에 그녀가 은혜를 베푼 적이 있는 아테네의 왕 아이게우스에게로 도망쳤다.

하지만 다른 전승에 따르면 이아손과 메데이아의 두 아들 메르메로스와 페레스는 어머니 메데이아의 손에 살해당한 것이 아니라 오히려 어머니의 복수를 돕다가 코린토스인들에게 살해되었다고 한다. 메르메로스와 페레스는 메데이아가 시키는대로 크레온 왕의 딸에게 독이 든 결혼 예복을 선물로 갖다 바쳐 글라우케와 크레온 왕을 죽게 만들었고 이에 분노한 코린토스인들이 두 아이를 돌로 쳐 죽였다는 것이다.

콜키스로 돌아간 메데이아

아테네로 간 메데이아는 곧 아이게우스 왕과 결혼하였고 아들 메도스도 낳았다. 하지만 후에 아이게우스의 맏아들 테세우스가 찾아오자 메데이아는 그를 죽이려다 실패하고 아들 메도스와 함께 다시 아테네에서 추방당했다. 메데이아는 메도스를 데리고 아버지 아이에테스의 나라인 콜키스로 돌아갔다. 그 사이 아이에테스 왕은 자신의 친형제이자 타우리스의 왕인 페르세스에게 왕위를 빼앗기고 궁에서 쫓겨나 있었다. 메데이아는 또 다시 마법을 부려 페르세스를 죽이고 아이에테스를 왕위에 복귀시켰다. 아이에테스가 죽은 뒤에는 메도스가 콜키스의 왕위를 물려받았다.

다른 이야기에 따르면 아이에테스 왕은 그 전에 이미 페르세스에게 죽임을 당했고 나중에 메데이아와 메도스가 와서 페르세스를 죽이고 왕권을 되찾았다고 한다.

메데이아의 최후에 대해서는 정확히 알려진 바가 없다. 일부 전승에 따르면 메데이아는 죽지 않고 행복의 땅 엘리시온으로 가서 아킬레우스과 결혼했다고 한다.(하지만 그리스 신화에서 엘리시온으로 가서 아킬레우스와 결혼하였다는 여인들은 헬레네, 이피게네이아, 폴릭세네 등 그밖에도 많다)

메데이아
로마 시대 벽화, 1세기
나폴리 국립고고학박물관

메도스 Medus

요약

메데이아가 아테네의 왕 아이게우스와 결혼하여 낳은 아들이다.

아테네에서 추방당한 어머니를 따라나선 메도스는 폭풍우 때문에 어머니와 헤어져 홀로 어머니의 고향인 콜키스에 도달한다. 메도스는 외할아버지인 아이에테스 왕을 축출하고 왕이 된 페르세스를 죽이고 할아버지의 왕국을 되찾는다. 그는 그 나라를 자신의 이름을 따서 메디아라고 이름 짓는다.

기본정보

구분	메디아의 왕
외국어 표기	그리스어: Μῆδος
관련 신화	메데이아, 아이게우스, 아이에테스, 페르세스, 크레온
가족관계	메데이아의 아들, 아이게우스의 아들

인물관계

메데이아와 아테네 왕 아이게우스 사이에 태어난 아들이다.

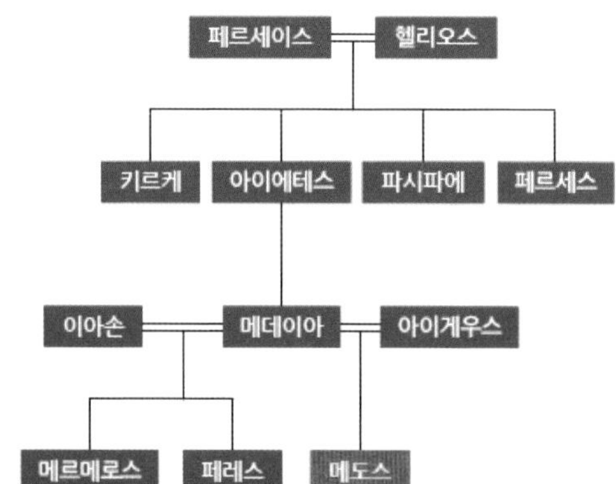

신화이야기

메도스의 어머니 메데이아

이아손에 대한 사랑 때문에 온갖 끔찍한 일도 마다하지 않았던 메데이아는('메데이아' 참조) 이아손의 새 신부 글라우케를 살해하고 난 후 이아손에게 복수하기 위해 그에게 죽음보다도 더 큰 괴로움을 주기로 결심했다. 메데이아는 급기야 이아손과 사이에서 낳은 자식들 메르메로스와 페레스를 죽이고 태양신 헬리오스에게서 날개 달린 용들이 끄는 수레를 얻어 타고 아테네로 도망갔다.

아테네의 왕 아이게우스는 메데이아를 따뜻하게 맞이해 주고 그녀와 결혼하는데 이 두 사람 사이에 아들 메도스가 태어났다.

그러던 어느 날 아버지를 모른 채 자라 어른이 된 테세우스가 아버지 아이게우스 왕을 찾아왔다. 메데이아는 테세우스의 정체를 파악하고는 그를 죽일 음모를 꾸민다. 아이게우스는 메데이아의 음모로 테세우스가 위험에 빠진 결정적인 순간에 그가 자기 아들임을 알게 되고 테세우스를 구해낸다. 테세우스를 죽이려는 음모가 발각되어 메데이아는 아테네에서 추방되어 망명의 길에 올랐다.

메디아 왕국의 왕 메도스

히기누스의 『신화집』은 메데이아와 메도스가 아테네를 떠난 이후에 관해 상세하게 전하고 있다.

어머니 메데이아를 따라 나선 메도스는 폭풍우 때문에 어머니와 헤어져 홀로 콜키스에 도착한다. 당시 콜키스는 메데이아의 아버지 아이에테스가 동생 페르세스에 의해 왕위에서 축출되어 페르세스가 나라를 다스리고 있었다. 그런데 왕이 된 페르세스는 선왕 아이에테스의 자손에 의해 죽게 될 것이라는 신탁을 받은 상황이었다. 이에 아이에테스의 외손자 메도스는 위기에 처하게 되고 급기야 자신이 코린토스 왕 크레온의 아들인 히포테스라고 거짓말을 했다. 그러나 메도스를 여전히 아이에테스의 후손이라고 의심하는 페르세스는 그를 옥에 감금한다. 뒤이어 메데이아도 콜키스에 도착했다.

당시 콜키스는 기근이 심해 힘든 상황이었는데 메데이아는 자신이 아르테미스 여신의 사제라고 주장하면서 콜키스의 기근을 없애기 위해 왔다고 말했다. 그리고는 페르세스의 말을 듣고 크레온의 아들이라고 주장하는 메도스를 죽이려 한다. 메데이아는 크레온 왕 때문에 그토록 사랑했던 첫 남편 이아손과 헤어졌다고 생각하기 때문에 그에 대한 원한이 컸던 것이다.

그러나 메데이아는 메도스를 직접 만나고 나서 그가 자신의 아들임을 알게 된다. 이에 메데이아는 메도스에게 칼을 건네주면서 할아버지의 원수를 갚으라고 명한다. 메도스는 페르세스를 칼로 찔러 죽이고 할아버지의 왕국을 되찾았다. 그는 자신의 이름을 따서 나라를 메디아라고 이름 짓고 메디아의 왕이 되었다.

이상이 히기누스가 전하는 내용인데, 아폴로도로스는 이와 다른 내용을 전하고 있다. 아폴로도로스에 의하면 메도스와 메데이아가 콜키스에 돌아왔을 때에도 아이에테스 즉 메도스의 외할아버지는 살아있었다. 그리하여 메데이아는 페르세스를 죽인 다음 아버지에게 왕국을 되돌려 주었다고 한다. 한편 어머니와 함께 망명길에 오른 메도스는 많은 야만인들을 정복하여 다스렸는데 자신이 다스리는 나라 전체를 메디아라 불렀다고 한다.

메두사 Medusa

요약

그리스 신화에 나오는 마녀 혹은 괴물로 고르고네스 세 자매 중 하나이다.

메두사의 얼굴은 너무나 무시무시해 사람들이 그 얼굴을 보기만 해도 돌로 변해버렸다. 세 자매 중 유일하게 불사신이 아닌 메두사는 페르세우스에 의해 목이 잘려 죽었다.

기본정보

구분	괴물
상징	뱀
외국어 표기	그리스어: Μέδουσα
어원	여왕
관련 신화	포세이돈, 아테나, 고르고네스, 그라이아이, 페르세우스
가족관계	포르키스의 딸, 케토의 딸, 에키드나의 자매, 그라이아이의 자매

인물관계

메두사의 아버지는 포르키스이고 어머니는 포르키스의 누이 케토이다. 그녀는 고르고네스 세 자매 중 하나로 그라이아이 세 자매와는 친자매 사이이다.

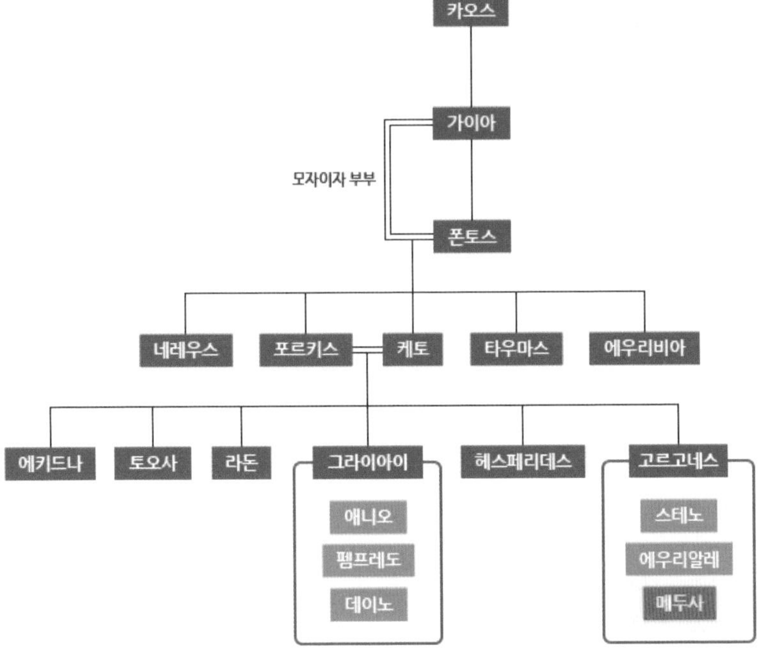

신화이야기

고르고네스 세 자매와 메두사

『비블리오테케』에 의하면 포르키스와 케토 사이에서 태어난 고르고네스 세 자매는 흉측한 얼굴에 눈은 튀어나오고 머리카락 한 올 한 올이 실뱀으로 되어 있으며 멧돼지의 어금니 같은 날카로운 이빨이 나 있다고 한다. 고르고네스의 눈은 시선이 워낙 번뜩거리고 강해서 이들의 눈을 바라보는 사람들은 그 자리에서 돌로 변해 버렸다. 고르고네스의 단수형은 고르고 혹은 고르곤이다.

고르곤 메두사 마스크
기원전 5세기, 뮌헨 글립토테크

고르고네스 세 자매의 이름은 각각 스테노(힘), 에우리알레(멀리 날다), 메두사(여왕)이다. 세 자매 중 메두사만이 죽을 운명의 존재이고 나머지 둘은 불사신이다.

메두사와 포세이돈 그리고 아테나

고르고네스 세 자매 특히 메두사의 외모에 관해서는 서로 다른 이야기들이 전해진다. 『비블리오테케』에 의하면 메두사는 미모가 출중해 아테나와 미모를 겨루고자 할 정도였다고 한다. 그리고 그 때문에 아테나의 저주로 머리가 베인 것이라 한다. 『변신이야기』 또한 메두사가 빼어난 미인이라고 전하고 있다. 그녀는 특히 머리카락이 아름다운 여인으로 수도 없이 많은 남자들이 메두사에게 구혼을 했다고 한다. 그토록 아름다운 메두사는 바다의 신 포세이돈의 연인이 된다. 이에 관해 『신들의 계보』는 다음과 같이 전하고 있다.

> "메두사는 죽어야 할 운명이지만 다른 두 명은 죽지 않으며 나이도 모른다. 그런데 메두사만이 머리카락이 검푸른 신과 봄꽃이 활짝 피어있는 부드러운 풀밭에 누웠다."

그러던 어느 날 포세이돈이 아테나의 신전에서 메두사와 사랑을 나누는데 이를 보게 된 아테나가 메두사의 자랑인 아름다운 머리카락을 하나하나 실뱀으로 만들어버리고 그녀를 흉측스러운 괴물로 변하게 한다.

> " … 사람들이 말하고 있습니다. 바다의 통치자가 메두사를 신전에서 범했다고 합니다. 그러자 제우스의 따님께서 외면하시고는 아이기스로 정숙한 얼굴을 가리셨습니다. 그리고는 그런 행동이 벌을 받지 않고 지나가면 안되기에 여신께서는 고르고의 머리카락을 끔

찍한 뱀 무더기로 변하게 하셨습니다. … ”(『변신이야기』)

메두사를 흉칙한 괴물로 만들어버린 아테나 여신의 분노는 여기서 끝나지 않았다. 여기에서 메두사 이야기에 페르세우스가 등장한다.

아름다운 다나에와 황금비로 변신한 제우스 사이에서 태어난 페르세우스는 고르고의 목을 베어오라는 임무를 맡게 된다. 앞에서 언급한 바와 같이 세 자매 중 메두사만이 죽을 운명의 존재이고 나머지 둘은 불사신이다. 불사신의 목을 베어 죽일 수는 없는 일이므로 페르세우스의 임무는 메두사의 목을 베어오는 것이었다. 이 때문에 고르고는 대개의 경우 메두사를 지칭하는 단어로 쓰이곤 한다.

메두사

잔 베르니니(Gian Lorenzo Bernini), 1632년, 캘리포니아 리전 아너 미술관 ©Debra Heaphy@Wikimedia(CC BY-SA)

아테나는 페르세우스를 도와 그가 메두사를 처단하는 것을 도와 주었다. 메두사의 모습은 직접 보게 되면 누구나 돌로 변하는 법! 페르세우스는 아테나 여신의 도움을 받아 메두사의 목을 베는데 성공한다.

“ … 아테나는 페르세우스의 손을 잡아 그를 인도하고, 그는 메두사로부터 시선을 돌린 채 청동 방패를 응시하며 그 속에서 고르곤의 모습을 보고 그녀의 머리를 베었다.”(『비블리오테케』)

아테나의 방패

페르세우스는 메두사의 목을 베어 아테나 여신에게 바친다. 이렇게 해서 메두사의 목은 그토록 자신을 증오하던 아테나 여신의 방패에 장식으로 들어가게 되며 메두사는 죽어서도 아테나 여신의 방패 속에서 여신의 권위와 용맹에 대한 상징물이 된다.

메두사
카라바조(Carvaggio), 1595~1596년
피렌체 우피치 미술관

메두사의 자식들: 페가소스와 크리사오르

메두사가 페르세우스에게 목이 베일 때 그녀는 임신했던 상황이었다. 메두사의 목이 베이면서 포세이돈의 자식들인 날개 달린 백마 페가소스와 게리온의 아버지 크리사오르가 태어나게 된다. 이에 대해 『신들의 계보』는 다음과 같이 전하고 있다.

> "그런데 페르세우스가 메두사의 목에서 머리를 베어내자 위대한 크리사오르와 페가소스가 솟아나왔다. 페가소스라 불리우게 된 것은 그 말이 오케아노스의 샘터에서 태어났기 때문이다."

그런데 『변신이야기』에 의하면 페가소스와 크리사오르는 메두사가 죽을 때 몸에서 흘러나온 피로부터 태어났다고 한다.

메두사의 피와 의술의 신 아스클레피오스

메두사는 죽어서도 여러 가지 면에서 이름을 떨친다. 아폴론의 아들인 의술의 신 아스클레피오스는 메두사의 피로 약을 만들었다고 하는데 이에 관해 『비블리오테케』는 다음과 같이 전하고 있다.

> "아스클레피오스는 의사가 되고 나서 기술을 고도로 갈고 닦아 그 누구도 죽지 않게 했으며 심지어는 죽은 사람들까지도 일으켜 세웠다. 그는 아테나 여신에게서 고르곤의 혈관에서 흘러나온 피

를 받아서, 왼쪽 혈관에서 흘러나온 피는 사람을 죽이는데 이용하고 오른쪽 혈관에서 흘러나온 피는 사람을 살리는데 사용했다."

아스클레피오스는 말들이 끄는 전차에서 떨어져 산산조각이 되어 비참하게 죽은 히폴리테스를 살린 적이 있는데 바로 이 메두사의 피로 만든 약을 사용한 것이다.

메로페 Merope, 공주

요약

그리스 신화에 나오는 키오스의 왕 오이노피온의 딸이다.

오이노피온은 야수를 없애주는 조건으로 거인 사냥꾼 오리온에게 메로페와 결혼시켜 주겠다고 약속했다. 오리온은 오이노피온이 약속을 지키지 않자 메로페를 겁탈하였다.

기본정보

구분	공주
외국어 표기	그리스어: Μερόπη
관련 신화	오리온

인물관계

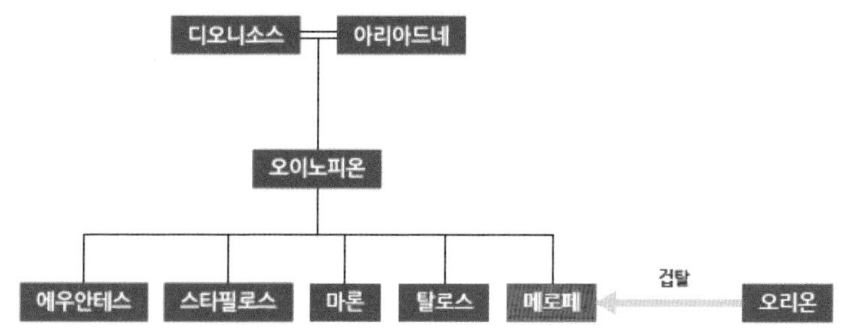

메로페는 디오니소스와 아리아드네 사이에서 난 키오스의 왕 오이노피온의 딸로 에우안테스, 스타필로스, 마론, 탈로스 등과 남매 사이

다. 하지만 일설에는 메로페가 오이노피온의 딸이 아니라 아내라고도 한다.

신화이야기

메로페와 오리온

메로페의 아버지 오이노피온은 디오니소스가 테세우스에게 버림받고 낙소스 섬에 버려진 아리아드네와 결혼하여 낳은 아들로, 크레타의 왕 라다만티스로부터 키오스 섬을 물려 받아 다스리고 있었다.

오이노피온은 키오스 섬에 포도 재배법을 들여온 인물로도 알려져 있다. 그런데 키오스 섬에는 거대한 야수 한 마리가 살면서 사람들을 해치고 포도밭을 망치는 등 나라를 어지럽히고 있었다. 오이노피온은 때마침 아내를 잃은 오리온이 찾아와 딸 메로페와 결혼을 청하자 먼저 야수를 없애주면 딸을 주겠다고 하였다.

디오니소스와 오이노피온
아티카 흑색상도기, 기원전 540년
영국 박물관

거인 사냥꾼 오리온에게 야수 한 마리를 없애는 것은 그리 어려운 일이 아니었다. 하지만 오이노피온은 애당초 오리온에게 사랑하는 딸을 줄 생각이 없었다. 야수를 없애준 오리온은 오이노피온 왕이 약속을 지키지 않자 화가 나서 메로페를 강제로 겁탈하였다. 그러자 오이노피온은 오리온에게 그가 직접 만든 달콤한 포도주를 먹여 취하게 만든 다음 두 눈을 찔러 장님으로 만들어 바다에 던져버렸다.

장님이 된 오리온

장님이 된 오리온은 동쪽으로 가서 태양신 헬리오스를 만나면 시력을 회복할 수 있다는 신탁을 받았다. 그는 헤파이스토스의 대장간에서 나는 소리에 의지해서 바다를 건너 렘노스 섬으로 갔다.(오리온은 엄청난 거인이어서 바다를 걸어서 건널 수 있었다고 한다) 오리온은 헤파이스토스의 대장간에서 만난 소년 케달리온을 어깨에 태우고 찾아 헤맨 끝에 시력을 되찾을 수 있었다. 다시 볼 수 있게 된 오리온은 키오스 섬으로 돌아가 오이노피온을 죽이려 했지만 왕은 헤파이스토스가 만들어준 지하 방에 숨어 죽음을 피할 수 있었다.

메로페 Merope, 님페

요약

그리스 신화에 등장하는 님페 플레이아데스 자매 중 한 명이다.

인간 시시포스와 결혼하여 아들 글라우코스를 낳았다. 다른 자매들과 함께 거인 오리온에게 쫓기다 하늘의 별이 되었다. 플레이아데스 성단 중 가장 희미한 별이 메로페가 변한 별이다.

기본정보

구분	님페
상징	수치심
외국어 표기	그리스어: Μερόπη
별자리	플레아데스 성단(황소자리)
가족관계	아틀라스의 딸, 플레이오네의 딸, 시시포스의 아내, 글라우코스의 어머니

인물관계

메로페는 아틀라스와 플레이오네 사이에서 태어난 플레이아데스 자매 중 하나로 시시포스와 결혼하여 글라우코스, 오르니티온, 테르산드로스, 할모스 등 네 아들을 낳았다.

플레이아데스 자매는 알키오네, 메로페, 켈라이노, 엘렉트라, 스테로페, 타이게테, 마이아로 모두 일곱 명이다.

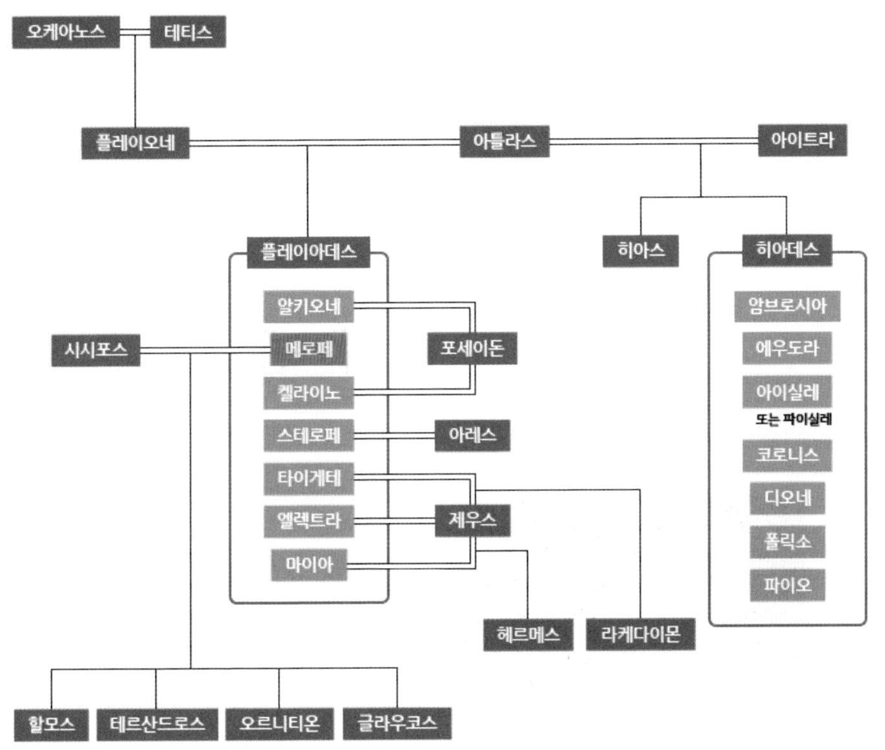

신화이야기

개요

메로페는 아틀라스와 플레이오네의 딸들인 플레이아데스 자매 중 하나이며, 코린토스의 왕 시시포스와 결혼하여 아들 글라우코스를 낳았다.('글라우코스' 참조) 플레이아데스 자매는 모두 신들과 결혼하였는데 오직 메로페 한 명만 인간인 시시포스를 남편으로 맞았다고 한다.

나중에 플레이아데스 자매는 모두 하늘의 별이 되었는데 유독 메로페의 별 하나만 다른 별들보다 빛이 약했다. 이것은 메로페가 저 혼자만 인간과 결혼한 것을 수치스럽게 여겨서 그렇다고도 하고, 남편 시시포스가 교활한 술수를 부리다 제우스에게 벌을 받아 저승에 떨어진 것이 부끄러워 혹은 저승에서 영원한 고통에 시달리는 것이 마음 아파 그렇다고도 한다.

하늘의 별자리가 된 플레이아데스

플레이아데스가 하늘의 별자리가 된 연유에 대해서는 여러 가지 이야기가 전해진다. 먼저 플레이아데스는 사냥의 여신이자 처녀신인 아르테미스의 시중을 드는 님페였는데 거인 오리온이 보이오티아에서 이들을 보고 반해서 7년이나 구애하며 쫓아다녔다고 한다. 플레이아데스는 오리온을 피해 도망치다 지쳐 제우스에게 도움을 청했고 제우스는 자매들을 모두 비둘기로 바꾸었다가 나중에 하늘의 별자리로 만들어 주었다.(일설에는 아르테미스가 제우스에게 부탁하여 플레이아데스를 별자리로 만들었다고도 한다)

잃어버린 별(메로페)
윌리엄 아돌프 부그로(William Adolphe Bouguereau), 1884년, 개인 소장

아르테미스는 플레이아데스가 더 이상 자신을 따르지 못하게 된 것에 화가 나서 남동생 아폴론에게 부탁하여 오리온을 활로 쏘아 죽이게 하였다.

제우스는 오리온도 하늘의 별로 만들어 주었는데, 밤하늘에서는 지금도 오리온이 플레이아데스 자매를 쫓고 있는 듯 오리온자리가 플레이아데스 성단을 뒤

쫓으며 이동하는 것을 볼 수 있다.

다른 이야기에 따르면 플레이아데스는 동생 히아스가 죽자 슬픔을 이기지 못하고 이복자매들인 히아데스와 함께 모두 자살하여 하늘의 별자리가 되었다고도 한다.

또 다른 이야기에 따르면 오리온이 겁탈하려고 뒤쫓은 여인은 플레이아데스의 어머니 플레이오네였다고 한다. 플레이오네는 오케아노스와 테티스 사이에서 태어난 오케아니데스의 하나로 매우 아름다운 님페였는데, 딸들을 데리고 보이오티아를 방문했다가 오리온에게 쫓기는 신세가 되었다는 것이다. 플레이오네는 7년을 도망다니다 딸들과 함께 하늘의 별자리가 되었다.

메로페 Merope, 왕비

요약

그리스 신화에 나오는 아르카디아 왕 킵셀로스의 딸이다.

메세나의 왕 크레스폰테스와 정략결혼을 하여 여러 명의 자식도 낳았지만, 폴리폰테스가 주동하는 귀족들의 반란으로 크레스폰테스가 자식들과 함께 살해당하자 강제로 폴리폰테스의 아내가 되었다.

유일하게 살아남은 메로페의 막내아들 아이피토스는 나중에 폴리폰테스를 죽여 메로페를 구하고 메세나의 왕위를 되찾았다.

기본정보

구분	왕비
상징	복수
외국어 표기	그리스어: Μερόπη
관련 신화	헤라클레이다이의 펠로폰네소스 정복

인물관계

메로페는 아르카스의 후손인 아르카디아 왕 킵셀로스의 딸로, 헤라클레이다이의 한 명인 메세나 왕 크레스폰테스와 결혼하였다. 둘 사이에서는 여러 명의 아들이 태어났지만 아이피토스 한 명을 제외하고는 모두 폴리폰테스에 의해 남편 크레스폰테스와 함께 살해되었다. 크레스폰테스가 죽은 뒤 메로페는 강제로 폴리폰테스의 아내가 되었다.

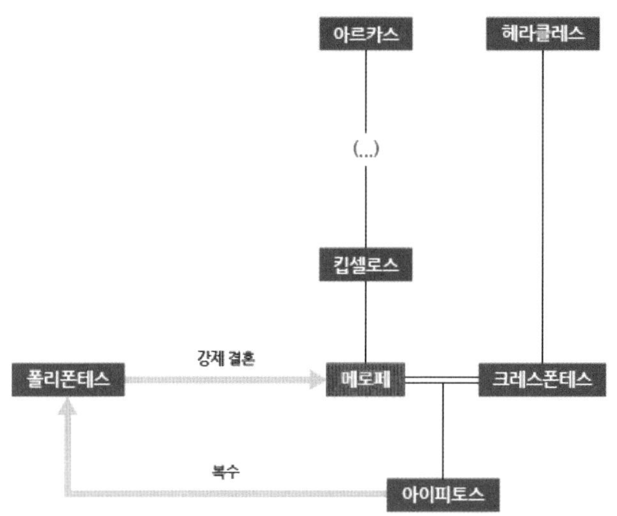

신화이야기

크레스폰테스의 죽음

헤라클레스의 후손들인 헤라클레이다이가 펠로폰네소스 반도를 정복한 뒤 영토를 나누어 가질 때 크레스폰테스는 메세나를 차지하였다. 이때 이웃나라 아르카디아의 왕이었던 킵셀로스는 정복을 피하기 위해 딸 메로페를 크레스폰테스에게 아내로 주고 동맹을 맺었다.

크레스폰테스는 메세나를 다섯 지역으로 나누어 각각 총독을 두고 평민들에게 우호적인 정책을 폈는데, 이것이 반발을 사면서 폴리폰테스가 주동하는 귀족 세력에 의해 자식들과 함께 살해당하고 말았다.

크레스폰테스를 죽인 폴리폰테스는 자신이 메세나의 왕위에 오르고 강제로 메로페도 아내로 삼았다. 메로페는 막내아들 아이피토스만을 간신히 빼돌려 아버지 킵셀로스에게 보내 돌보게 하였다.

아이피토스의 복수

어린 아이피토스가 죽지 않고 도망친 것을 알게 된 폴리폰테스는 그가 언젠가 복수하러 나타날 것을 두려워하여 그를 살해하는 자에게 큰 상을 내리겠다고 선포하였다.

아르카디아에서 외할아버지 킵셀로스 왕의 보살핌 속에 건장한 청년으로 성장한 아이피토스는 아버지와 형제들의 죽음을 복수할 계획을 세웠다. 그는 이름을 바꾸고 폴리폰테스를 찾아가 자신이 아이피토스를 죽였다며 상을 요구했다. 메로페는 그가 정말로 자기 아들을 죽인 살인자라고 여겼다. 그녀는 그가 아직 궁에 머물고 있는 동안 한밤중에 몰래 처소로 들어가 도끼로 살해하려 했다. 하지만 마지막 순간에 늙은 하인이 그를 알아보면서 극적인 모자상봉이 이루어졌다.

그 후로 메로페는 미심쩍어하는 폴리폰테스를 속이기 위해 마치 정말로 아들의 살해 소식을 전해들은 양 비통해하였다. 마침내 의심을 푼 폴리폰테스는 크게 기뻐하며 감사의 제사를 드리기로 하고 아이피토스에게 직접 제물을 죽여서 바치게 하였다. 그러나 제단에서 아이피토스의 칼에 희생된 제물은 짐승이 아니라 폴리폰테스 자신이었다. 이로써 아이피토스는 부모와 형제들의 원수를 갚고 메세나의 왕위도 되찾았다.

메롭스 Merops

요약

그리스 신화에 나오는 트로이 부근 페르코테의 예언자이다.

신화에서 메롭스는 주로 자녀들과 관련해서 언급된다. 두 아들 아드라스토스와 암피오스가 트로이 전쟁에 나가면 죽을 것을 미리 알고 필사적으로 막았으나 결국 참전하였고, 둘 다 디오메데스의 창에 목숨을 잃었다. 딸 아리스베는 트로이 왕 프리아모스의 첫 번째 아내였다.

기본정보

구분	예언자
외국어 표기	그리스어: Μέροψ
관련 신화	트로이 전쟁, 아르고호 원정대의 모험

인물관계

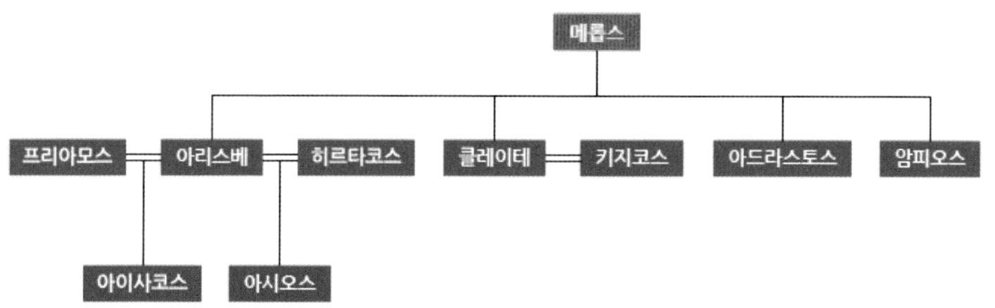

메롭스의 아내에 대한 기록은 전해지지 않으며, 트로이 전쟁과 아르고호 원정과 관련하여 자식들의 이름만 언급된다.

신화이야기

첫째 딸 아리스베

아리스베는 트로이 왕국의 마지막 왕 프리아모스의 첫 번째 아내로 그와의 사이에서 아들 아이사코스를 낳았다. 하지만 나중에 프리아모스에게서 버림받고 페르코테의 왕 히르타코스와 재혼하여 아들 아시오스를 낳았다.

메롭스는 아리스베가 낳은 외손자 아이사코스에게 꿈을 해몽하여 예언하는 능력을 물려주었다. 아이사코스는 아버지 프리아모스의 새 아내 헤카베가 꾼 꿈을 해몽해 준 것으로 유명하다. 헤카베는 파리스를 임신했을 때 자신이 낳은 횃불이 트로이를 전부 불태우는 꿈을 꾸었다. 아이사코스는 그 이야기를 듣고 트로이가 멸망하는 꿈이라며 아이가 태어나면 반드시 죽여야 한다고 주장하였지만, 프리아모스와 헤카베는 차마 아이를 죽일 수 없어 이데 산에 내다 버렸다. 파리스는 양치기들에게 발견되어 그들의 손에서 자랐고 나중에 그가 스파르타의 왕비 헬레네와 사랑에 빠져 그녀를 트로이로 데려오는 바람에 트로이는 멸망하고 말았다.

아리스베가 히르타코스와 사이에서 낳은 아들 아시오스는 트로이 전쟁에 참가했다가 그리스군으로 참전한 크레타의 왕 이도메네우스의 창에 목숨을 잃었다.

둘째 딸 클레이테

클레이테는 프로폰티스(지금의 마르마라 해) 연안에 사는 돌리오네스족의 왕 키지코스와 결혼하였는데, 두 사람이 결혼식을 올리고 얼마 되지 않아서 이아손이 이끄는 아르고호 원정대가 키지코스의 왕국에 도착하였다. 키지코스는 그들을 환대하며 음식을 대접한 뒤 다음날 떠나보냈지만 원정대는 밤중에 바다에서 거센 역풍을 만나 도로 키지코스 왕국으로 떠밀려 왔다. 한밤중에 해안에 도착한 원정대를 본 돌리오네스족은 이웃나라의 해적들이 쳐들어온 줄 알고 이들을 공격하였다. 바닷가에서 해적들과 전투가 벌어졌다는 소식을 들은 키지코스 왕은 급히 달려 나갔다가 이아손의 창에 찔려 죽고 말았다. 남편의 죽음을 안 클레이테는 슬픔을 이기지 못하고 스스로 목을 매어 죽었다.

이 나라의 숲 속에는 클레이테라는 이름이 붙은 샘이 있는데 숲의 님페들이 그녀의 죽음을 애통해하며 흘린 눈물이 모여 샘이 되었다고 한다.

두 아들 아드라스토스와 암피오스

호메로스의 『일리아스』에 따르면 메롭스의 두 아들 아드라스토스와 암피오스는 아버지가 극구 만류하는데도 불구하고 트로이 전쟁에 참가했다가 둘 다 그리스군의 장수 디오메데스의 창에 목숨을 잃었다. 메롭스는 두 아들이 전쟁에 나가면 죽을 것을 미리 알고 이를 막아보려 했지만 소용이 없었다.

또 다른 메롭스

그리스 신화에는 여러 명의 다른 메롭스가 등장한다.

1) 코스 섬의 왕 메롭스는 아내 에케메이아(혹은 에테메아)가 아르테미스 여신의 진노를 사서 하계로 추방되자 슬픔을 이기지 못해 스스로 목숨을 끊으려 했는데, 헤라 여신이 이를 불쌍히 여겨 그를 독수리로 변하게 한 뒤 하늘의 별자리로 만들어 주었다고 한다.

그의 아들 에우멜로스와 손자 아그론은 신들을 무시하고 조롱하다가 분노를 사 각각 올빼미와 물떼새로 변했다.

2) 아르고스의 메롭스는 전설적인 왕 테스트로스의 아들로 아버지에 이어 아르고스의 왕이 되었다.

3) 밀레토스의 전설적인 왕 메롭스는 도둑질의 명수 판다레오스의 아버지이다.

4) 에티오피아의 왕 메롭스는 태양신 헬리오스와 정을 통해 파에톤을 낳은 클리메네의 남편이다.

신화해설

문헌에 따라 페르코테의 예언자 메롭스는 전설의 왕국 린다코스의 왕으로 소개되기도 한다. 하지만 린다코스는 소아시아에서 마르마라 해로 흘러드는 강의 이름일 뿐이며 그런 이름으로 불린 지역이나 부족은 확인된 바가 없다. 그러므로 린다코스의 왕이라는 말은 메롭스가 마르마라 해 연안 지역을 지배했던 인물이라는 뜻으로 이해되어야 한다.

메르메로스 Mermerus

요약

그리스 신화에 나오는 영웅 이아손과 메데이아의 아들이다.

메데이아는 남편 이아손이 자신을 버리고 코린토스 왕 크레온의 딸 글라우케와 결혼하려 하자, 신부의 옷에 독을 발라 글라우케와 크레온을 살해하고 두 아들 메르메로스와 페레스도 제 손으로 죽인 뒤 용이 끄는 수레를 타고 아테네로 도망쳤다고 한다.

기본정보

구분	신화 속 인물
상징	모친에 의한 친자 살해
외국어 표기	그리스어: Μέρμερος
관련 신화	이아손과 메데이아

인물관계

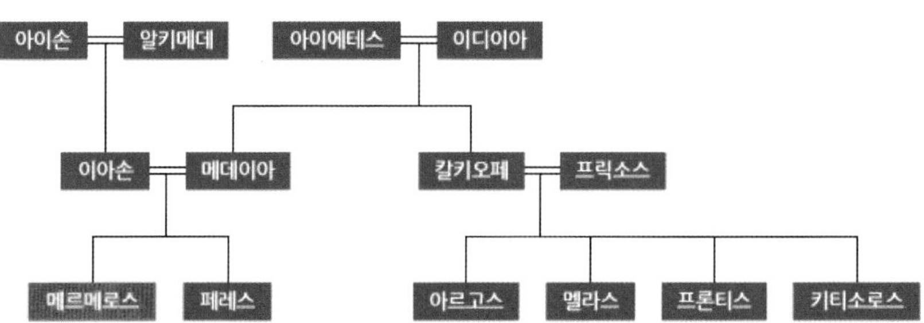

메르메로스는 이아손과 메데이아 사이에서 난 아들로 페레스와 형제지간이다. 하지만 다른 전승에 따르면 이아손과 메데이아 사이의 자식은 알키메네스, 테살로스, 티산드로스 세 명이며 이 중 티산드로스는 어머니 메데이아의 손에 살해당하지 않고 살아 남았다고 한다.

신화이야기

이아손과 메데이아

황금양털을 가져오기 위해 아르고호 원정대를 꾸려 콜키스로 떠났던 이아손은 콜키스 왕 아이에테스의 딸 메데이아 공주의 도움으로 성공적으로 원정을 끝마칠 수 있었다. 이아손과 결혼하여 함께 그리스로 온 메데이아는 이올코스의 왕 펠리아스를 죽여 남편 이아손의 복수도 해주었다.('펠리아스', '이아손' 참조)

그러나 메데이아의 이런 끔찍한 짓 때문에 두 사람은 이올코스에서 추방되어 코린토스로 피신해야 했다. 코린토스의 왕 크레온은 추방당한 이아손과 메데이아를 따뜻하게 맞아 주었고 두 사람은 그곳에서 10년 가까이 행복하게 지내며 두 아들 메르메로스와 페레스도 얻었다.

하지만 차츰 메데이아에게 싫증이 난 이아손은 그녀를 버리고 크레온의 딸 글라우케와 결혼하려 했다.(물론 여기에는 이아손이 코린토스의 권력을 탐해서 메데이아를 버리고 글라우케 공주와 결혼하려 했다는 이야기도 있다) 크레온 왕은 콜키스의 여자는 그리스인과 정식으로 결혼할 권리가 없다는 관례를 들어 메데이아를 이아손에게서 떼어놓으려 하였다. 분노한 메데이아는 결혼식 날 신부의 옷에 독을 발라 글라우케와 크레온을 살해하고 이아손과 사이에서 낳은 메르메로스와 페레스마저 제 손으로 죽인 뒤 용이 끄는 마차를 타고 도망쳤다.

이아손과 메데이아
카를 반 루(Charles Andre van Loo), 1759년, 포 미술관

메르메로스의 죽음에 관한 이설(異說)

하지만 다른 전승에 따르면 메르메로스와 페레스는 어머니 메데이아에게 살해당한 것이 아니라 오히려 어머니의 복수를 돕다가 코린토스인들에게 살해되었다고 한다. 메르메로스와 페레스는 어머니가 시키는대로 크레온 왕의 딸에게 독이 든 선물을 갖다 바쳐 크레온 왕과 글라우케를 죽게 만들었고 이에 분노한 코린토스인들이 두 아이를 돌로 쳐 죽였다는 것이다.

메르메로스의 죽음에 관해서는 또 다른 이야기도 있다. 그에 따르면 이아손은 펠리아스 왕이 메데이아에 의해 처참한 죽음을 맞은 뒤 코르키라로 추방되었는데 이때 메르메로스도 아버지 이아손과 함께였다고 한다. 그곳에서 메르메로스는 사냥을 하다가 암사자에 물려 죽었다고 한다.

또 다른 메르메로스

호메로스의 『오디세이아』에는 에피라에 사는 메르메로스의 아들 일로스라는 인물에 관한 언급이 나온다. 메르메로스의 아들 일로스는 트로이의 건설자인 일로스나 그의 종조부 일로스와는 다른 사람이다.

또 페이리토오스의 결혼식 때 술에 취해 난동을 부린 켄타우로스족 중에도 메르메로스라는 이름이 등장한다.

메세네 Messene

요약

그리스 신화에 나오는 메세니아의 시조이다.

아르고스 왕 트리오파스의 딸 메세네는 라코니아 왕 렐렉스의 아들 폴리카온과 결혼한 뒤 펠로폰네소스 반도 남서부로 이주하여 메세니아 왕국을 건설하였다. 메세네와 폴리카온은 나중에 메세니아인들에 의해 신으로 숭배되었다.

기본정보

구분	메세니아의 왕
외국어 표기	그리스어: Μεοσήνη
관련 지명	메세니아
관련 신화	메세니아 건국
가족관계	아게노르의 남매, 폴리카온의 아내, 펠라스고스의 남매

인물관계

메세네는 포르바스의 아들인 아르고스 왕 트리오파스의 딸로 이아소스, 아게노르, 펠라스고스 등과 남매지간이다. 메세네는 렐렉스의 아들 폴리카온과 결혼하여 메세니아 왕국을 건설하였다.

포르바스

트리오파스

이아소스 펠라스고스 아게노르 메세네 = 폴리카온 밀레스

렐렉스

에우로타스

스파르타

메세니아의 건설

아르고스 왕 트리오파스의 딸 메세네는 라코니아 왕 렐렉스의 아들 폴리카온과 결혼하였다. 라코니아 최초의 왕으로 렐레게스족의 시조이기도 한 렐렉스 왕은 죽을 때가 되자 라코니아의 왕위를 맏아들 밀레스에게 물려 주었다. 그러자 왕녀로서의 자부심과 야심이 컸던 메세네는 남편 폴리카온이 아무런 영토도 없이 그냥 왕족으로만 남게 된 것에 크게 실망하였다. 그녀는 남편에게 아르고스와 라코니아에서 그들을 따르는 주민들을 모아 다른 지역으로 가서 새로운 왕국을 건설하자고 부추겼다. 결국 메세네와 폴리카온은 펠로폰네소스 반도 남서부로 이주하여 새 왕국을 건설하고 그 지역을 메세네의 이름을 따서 메세니아라고 불렀다.

신으로 숭배된 메세네와 폴리카온

메세네와 폴리카온은 왕국의 수도를 안다니아로 정하고 그곳에서

대지의 여신 데메테르와 그녀의 딸 페르세포네를 나라의 수호신으로 모시는 제사를 올렸다. 이것은 카오콘이 엘레우시스에서 메세니아로 들여온 데메테르 숭배 의식으로, 메세네는 이 의식을 메세니아에 퍼뜨린 인물로 간주된다. 메세네와 폴리카온은 또 제우스 숭배도 메세니아로 들여왔다고 한다. 두 사람은 나중에 메세니아에서 신으로 숭배되었다.

메소포타미아 Mesopotamia

요약

그리스 신화에서 메소포타미아 지역을 의인화한 여성이다.

아프로디테 여신이 빼어난 아름다움을 선사하여 세 명의 젊은이로부터 동시에 구혼을 받았으나 결국 세 젊은이가 서로 싸우다 모두 죽고 노처녀로 남았다.

기본정보

구분	지역이 의인화된 인간
상징	아름다운 신붓감
외국어 표기	그리스어: Μεσοποταμία
어원	강물과 강물 사이

인물관계

아프로디테 신전 여사제의 딸이며 티그리스와 유프라테스가 그녀의 두 언니이다.

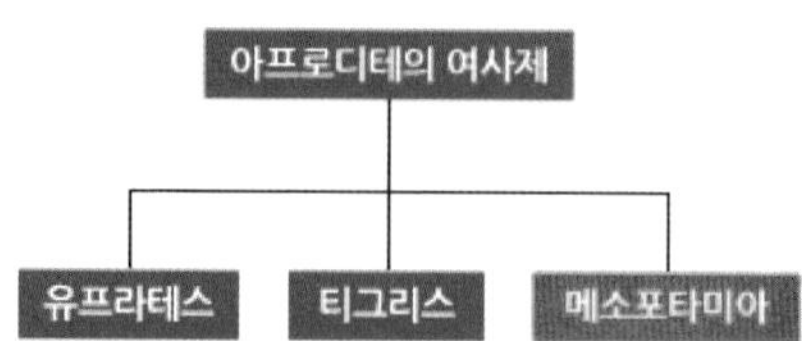

노처녀로 남은 메소포타미아

메소포타미아는 같은 이름의 지역을 의인화한 인물이다. 메소포타미아는 아프로디테를 섬기는 여사제의 딸로 그녀에게는 티그리스와 유프라테스라는 이름의 두 언니가 있었다. 메소포타미아는 못생기게 태어났지만 자라면서 아프로디테가 빼어난 아름다움을 선사하였다.

메소포타미아가 결혼할 나이가 되자 세 명의 젊은이가 동시에 구혼하면서 말썽이 생겼다. 메소포타미아는 구혼자들의 다툼을 피하기 위해 현명하고 공정하기로 이름난 보코로스에게 결정을 위임하였다. 메소포타미아가 세 젊은이에게 각각 선물을 한 적이 있는데, 한 명에게는 그녀가 마시던 잔을 주고 다른 한 명에게는 머리에 쓰고 있던 화관을, 또 다른 한 명에게는 키스를 선물하였다.

보코로스는 키스의 선물이 가장 확실한 사랑의 표현이라고 여겨 세

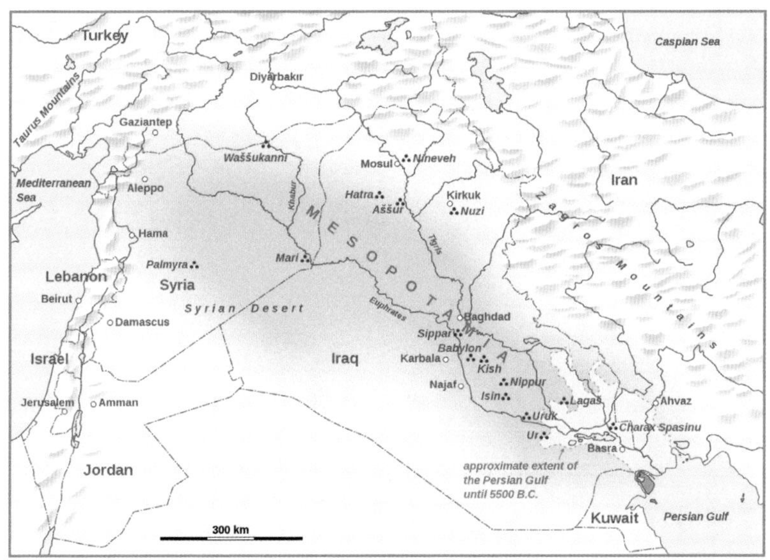

메소포타미아 지도

번째 젊은이를 결혼 상대로 선택하였다. 하지만 다른 두 경쟁자는 보로코스의 결정을 인정하지 않았고 세 젊은이 사이에는 다시 싸움이 벌어졌다. 결국 그들은 서로 싸우다 모두 죽어버렸고 메소포타미아는 노처녀로 남았다.

고대에 주조된 동전에서 메소포타미아는 흔히 높은 아르메니아 모자를 쓰고 두 언니 티그리스와 유프라테스 사이에 선 모습으로 표현되었다고 한다.

메스트라 Mestra

요약

그리스 신화에 나오는 테살리아 왕 에리시크톤의 딸이다.

데메테르 여신의 분노를 사 아무리 먹어도 허기를 면하지 못하는 벌을 받은 에리시크톤은 음식을 먹느라 재산을 모두 탕진하고 급기야 딸 메스트라를 돈 많은 구혼자에게 팔기까지 했다. 하지만 포세이돈의 도움으로 변신 능력을 얻은 메스트라는 팔려갈 때마다 매번 다른 동물로 모습을 바꾸고 도망쳐서 집으로 돌아왔다.

기본정보

구분	공주
상징	팔려간 딸
외국어 표기	그리스어: Μήστρα

인물관계

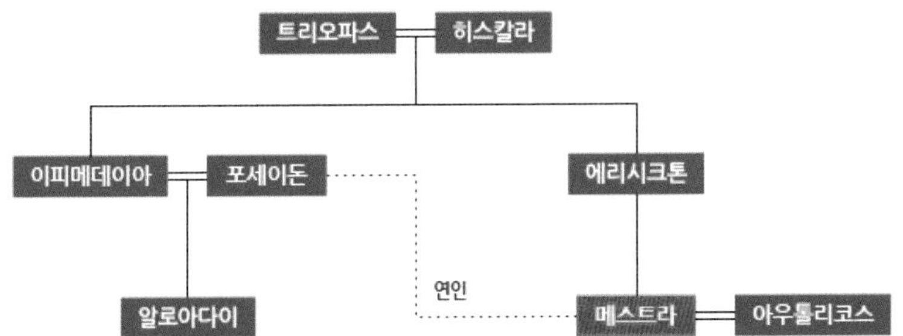

메스트라는 테살리아 왕 에리시크톤의 딸로 트리오파스의 후손이다. 그녀는 포세이돈의 사랑을 받았고 나중에 도둑질의 명수 아우톨리코스와 결혼하였다.

신화이야기

채워지지 않는 허기의 벌을 받은 에리시크톤

메스트라의 아버지 테살리아 왕 에리시크톤은 데메테르 여신의 분노를 사게 되어 아무리 먹어도 허기를 면하지 못하는 벌을 받았다. 그가 데메테르로부터 이런 벌을 받게 된 연유는 다음과 같다.

에리시크톤은 무례하고 불경한 인물로 식당을 지을 재목이 필요하자 거침없이 데메테르 여신에게 봉헌된 신성한 숲의 나무들을 자르게 하였다. 그는 데메테르 여신의 화관이 달린 커다란 참나무를 아무도 감히 베려하지 않자 직접 도끼를 들고 나가 나무를 찍었다. 나무에서는 피가 흘렀다. 나무에 깃든 님페 하마드리아데스가 흘리는 피였지만 그는 아랑곳하지 않고 신성한 나무를 기어코 쓰러뜨렸다.

분노한 데메테르 여신은 기아의 여신 리모스에게 명하여 에리시크톤을 채워지지 않는 굶주림에 시달리도록 하였다. 리모스는 에리시크톤의 집을 찾아가 잠자고 있는 그의 뱃속과 혈관에 허기를 뿌려놓았다. 잠에서 깬 에리시크톤은 불같은 식욕을 느끼며 미친 듯이 먹어대기 시작했다. 하지만 아무리 먹어도 포만감은 찾아오지 않았다. 얼마 후 그는 허기를 달랠 음식을 마련하느라 재산을 모두 탕진하고 말았다.

팔려간 딸 메스트라

더 이상 음식을 마련할 재산이 없게 된 에리시크톤은 하나뿐인 딸 메스트라를 돈 많은 구혼자에게 팔아버렸다. 아름다운 메스트라는

에리시크톤과 그의 딸 메스트라
요한 빌헬름 바우어(Johann Wilhelm Baur), 17세기
오비디우스의 『변신이야기』 삽화

해신 포세이돈의 사랑을 받고 있었으므로 그에게 구해달라고 빌었다. 이에 포세이돈은 그녀에게 모습을 마음대로 바꿀 수 있는 능력을 주어 팔려 간 곳에서 빠져나올 수 있게 해 주었다.

딸의 능력을 눈치 챈 에리시크톤은 계속해서 그녀를 팔아 음식을 구했고 메스트라는 그때마다 암말, 새, 사슴, 염소 따위로 변신하여 다시 집으로 돌아왔다. 하지만 에리시크톤의 굶주림은 점점 더 심해져 갔고 마침내 딸 메스트라가 마련하는 음식으로도 허기를 면할 수 없게 되자 제 입으로 자신의 사지를 뜯어 먹으며 최후를 맞았다.

메스트라는 나중에 무엇이든 훔쳐낼 수 있고 변신 능력까지 지닌 도둑질의 명수 아우톨리코스와 결혼하였다고 한다.

신화해설

메스트라의 신화는 음주에 빠져 방탕한 삶을 사는 아버지가 딸을 팔아 제 배를 채우던 것에 대한 은유로도 읽힌다. 이때 딸이 여러 동물로 변신하는 것은 아직 화폐가 통용되지 않던 고대에 그녀의 몸값이 현물로 치러졌음을 암시한다.

최근 들어 에리시크톤의 신화는 환경 파괴의 결과를 경고하는 비유로써 자주 언급되고 있다.

메젠티우스 Mezentius

요약

로마 신화에 등장하는 에트루리아인들의 왕이다.

라티누스 왕의 딸 라비니아를 놓고 아이네이아스와 투르누스 사이에 전쟁이 벌어졌을 때 투르누스의 편에 가담하였다가 패해서 아들 라우수스와 함께 목숨을 잃었다.

기본정보

구분	에트루리아의 왕
상징	폭군
관련 신화	아이네이아스의 이탈리아 정착, 로마 건국
가족관계	라우수스의 아버지

인물관계

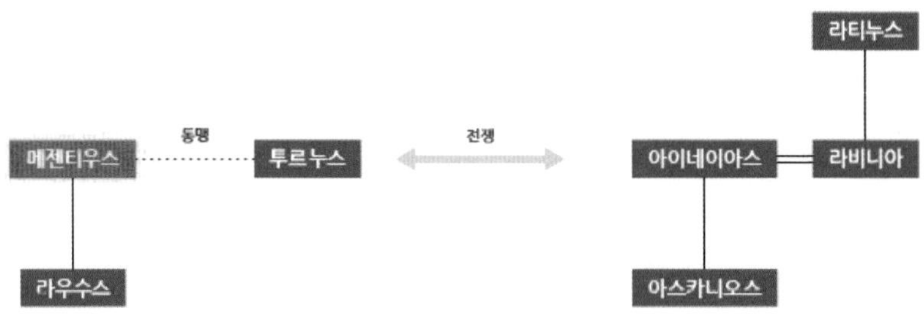

메젠티우스는 에트루리아 카이레의 왕이자 라우수스의 아버지로만 알려져 있다.

신화이야기

아이네이아스와 투르누스의 전쟁

트로이가 패망한 뒤 아이네이아스는 트로이의 유민들을 이끌고 이탈리아 중부 라티움 지방에 도착했다. 당시 그곳은 라티누스가 다스리고 있었는데 그는 딸을 이방인과 결혼시키라는 신탁에 따라 아이네이아스를 사위로 맞았다. 하지만 라티누스의 딸 라비니아는 이미 이웃부족인 루툴리 족의 왕 투르누스와 결혼하기로 약속이 되어 있었기 때문에 이로 인해 라티누스의 지지를 받는 아이네이아스와 투르누스 사이에 전쟁이 벌어졌다. 첫 전투의 승리는 아이네이아스에게로 돌아갔다.

메젠티우스, 라우수스 부자와 싸우는 아이네이아스
웬세슬라우 홀러(Wenceslas Hollar), 17세기, 베르길리우스의 『아이네이스』에 수록된 에칭화

메젠티우스의 참전

투르누스는 아이네이아스에게 패한 뒤 이웃나라 카이레를 다스리는 에트루리아족의 왕 메젠티우스에게 도움을 요청했다. 메젠티우스는 트로이 유민과 라티움의 결합으로 새롭고 강력한 세력이 생겨나는 것을 우려하여 투르누스의 요청을 수락하였다. 아이네이아스도 아르카디아 출신의 에우안드로스 왕을 비롯한 주변의 세력을 규합하여 두

진영 사이에서는 피비린내 나는 전투가 벌어졌다.

베르길리우스의 『아이네이스』에 따르면 메젠티우스는 잔인한 폭군이었다. 이에 아이네이아스는 에우안드로스 왕의 조언에 따라 에트루리아의 아길라로 가서 메젠티우스에 대해 반감을 품고 있던 에트루리아 주민들을 선동하여 무장 봉기를 일으키게 하였다. 그 덕에 메젠티우스는 자기 나라에서 쫓겨나 투르누스의 궁전에 피신해야 했다.

새 나라의 건설

메젠티우스는 이 전쟁에서 아들 라우수스와 함께 아이네이아스의 칼에 목숨을 잃었다. 아이네이아스는 투르누스마저 죽이고 전쟁을 끝낸 뒤 트로이 유민들과 라티니인들이 결합된 새 나라 라비니움을 건설하였다.

하지만 리비우스 등이 기술한 또 다른 전승에 따르면 메젠티우스는 전쟁에서 죽지 않고 살아 남아 아이네이아스 진영과 평화협정을 맺고 더 이상 라티움의 국경을 침범하지 않았다고 한다.

부상당한 아버지 메젠티우스를 보호하는 용맹한 아들 라우수스
루이 레옹 퀴뇨(Louis Leon Cugnot), 1859년 '로마대상(Prix de Rome)' 1등 수상작, 파리 국립고등미술학교

메타 Meta

요약

그리스 신화에 나오는 아테네 왕 아이게우스의 첫 번째 아내이다. 아이게우스는 첫 번째 아내 메타와 두 번째 아내 칼키오페가 모두 아들을 낳지 못하자 델포이를 찾아가 신탁을 얻고 영웅 테세우스를 낳았다. 메타는 훗날 아티카 지방 부족의 시조가 되었다.

기본정보

구분	왕비
외국어 표기	그리스어: Μήια
별칭	멜리테
관련 신화	아이게우스, 테세우스

인물관계

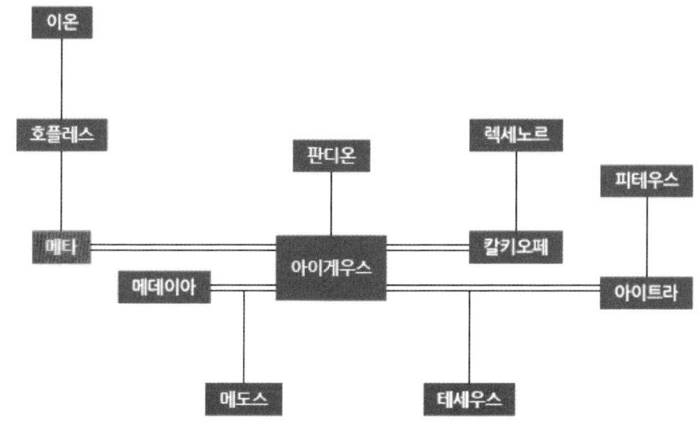

메타는 이오니아의 시조인 이온의 아들 호플레스의 딸이다. 그녀는 판디온의 아들 아이게우스와 결혼하였지만 두 사람 사이에서 자식이 태어나지 않았다.

신화이야기

호플레스의 딸 메타는 아폴로도로스의 『비블리오테케』, 아테나이오스의 『현자들의 연회』, 트제트제스의 『리코프론 주석집』 등 여러 문헌에서 테세우스 신화와 관련해서 이름이 언급되지만 독자적인 전설이나 이야기는 전해지지 않는다.

영웅 테세우스의 탄생

아테네의 왕 아이게우스는 첫 번째 아내인 호플레스의 딸 메타가 아이를 낳지 못하자 렉세노르의 딸 칼키오페를 두 번째 아내로 맞았다. 하지만 칼키오페도 메타와 마찬가지로 아이를 낳지 못했다. 나이가 들면서 마음이 다급해진 아이게우스는 델포이로 가서 자식을 얻을 방도를 물었다. 그러자 "아테네로 갈 때까지 포도주 뚜껑을 열지 말라."는 수수께끼 같은 신탁이 내려졌다. 아이게우스는 아테네로 돌아가는 길에 트로이젠에 들러 그곳의 왕이자 유명한 예언자인 피테우스에게 신탁의 의미를 물었다. 피테우스는 신탁이 뜻하는 바를 당장에 알아차렸지만 아무 말 없이 성대한 주연을 벌여 아이게우스를 취하게 만든 다음 그의 침실에 딸 아이트라를 넣었다.

아이게우스와 동침한 날 밤 아이트라 꿈에 아테나 여신이 나타나 그녀를 근처의 섬으로 인도하였고 그곳에서 아이드라는 다시 해신 포세이돈과 동침하였다. 이렇게 아이트라는 하룻밤에 두 남자와 관계하여 아테네의 영웅 테세우스를 잉태하였다.(그래서 테세우스는 포세이돈의 아들로 간주되기도 한다)

메타네이라 Metanira

요약

그리스 신화에 등장하는 엘레우시스의 왕비이다.

노파로 변신한 데메테르 여신을 환대하여 아들 데모폰의 유모로 삼았으나 데모폰을 불사신으로 만드는 여신의 의식을 엿보고는 비명을 질러 일을 망쳤다.

기본정보

구분	왕비
외국어 표기	그리스어: Μετάνειρα
별칭	미스메
관련 동물	도마뱀
관련 신화	엘레우시스 비교, 페르세포네의 납치

인물관계

엘레우시스의 아들 켈레오스와 결혼하여 데모폰과 트리프톨레모스 두 아들과 클리시디케, 데모, 칼리토에, 칼리디케 등 네 명의 딸을 낳았다.

다른 전승에서는 메타네이라의 딸들 이름이 사에사라, 디오게니아, 팜메로페로 나온다.

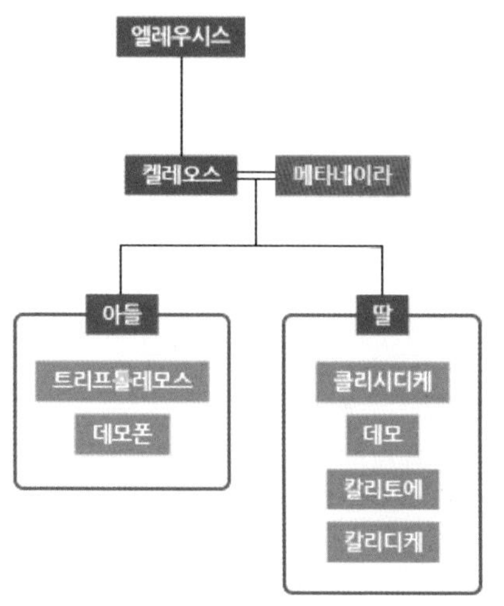

신화이야기

메타네이라의 궁을 방문한 데메테르 여신

메타네이라의 남편 켈레오스 왕이 엘레우시스를 다스리던 무렵 대지의 여신 데메테르는 하데스에게 납치되어 하계로 끌려간 딸 페르세포네를 찾아 노파의 모습을 하고서 온 세상을 헤매고 있었다. 엘레우시스 땅을 지나던 데메테르 여신이 우물가의 올리브 나무 아래서 쉬고 있는데 이를 본 켈레오스의 딸들이 여신을 평범한 노파로 여기고는 불쌍히 여겨 자기 집으로 데려가 극진히 대접하였다.

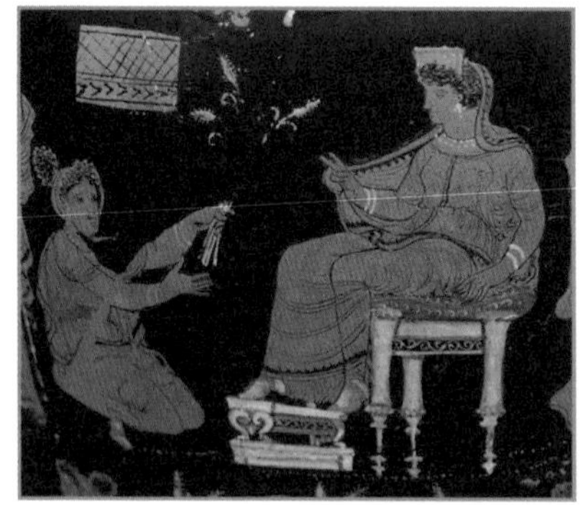

데메테르와 메타네이라
아풀리아 적색상도기, 기원전 340년, 베를린 구(舊)박물관

그들은 노파에게 술과 음식을 권했지만 노파는 다른 음식에는 손을 대지 않고 오로

지 키케온만을 먹었다. 키케온은 물과 보릿가루와 박하를 섞어서 만든 묽은 죽과 같은 음료였다.

노파는 크레타에서 해적들에게 가진 것을 모두 빼앗기고 간신히 목숨만 건져 도망쳐 나왔다고 말했다. 이 말을 들은 메타네이라는 노파에게 갓 태어난 자신의 아들 데모폰을 돌보며 궁에서 함께 지내자고 하였다. 노파의 모습을 한 데메테르 여신은 그녀의 제안을 받아들여 데모폰의 유모가 되었다.

데메테르의 의식을 방해한 메타네이라

데메테르는 데모폰을 불사의 몸으로 만들어 주기로 했다. 여신은 아이에게 암브로시아를 발라주고 밤마다 아궁이의 불 속에 넣어 아이의 몸 안에 있는 사멸의 요소를 태워 없애는 의식을 행하였다. 그러던 어느 날 밤 잠에서 깬 메타네이라가 이 광경을 보고는 미친 노파가 아이를 죽이려는 줄 알고 놀라 비명을 질렀다. 그 바람에 여신은 아이를 바닥에 떨어뜨렸고 의식은 미완성인 채로 끝나고 말았다. 데메테르 여신은 본모습을 드러내고는 메타네이라를 꾸짖은 뒤 켈레오스 왕에게 엘레우시스에 자신의 신전을 지으라고 명령했다. 그녀는 또 켈레오스와 그 딸들에게 자신을 섬기는 비의(秘儀)를 가르쳐 주었다. 켈레오스는 데메테르 여신을 모시는 엘레우시스 비교(秘教) 의식을 집전하는 첫 번째 사제가 되었다.

도마뱀으로 변한 아스칼라보스

오비디우스는 『변신이야기』에서 조금 다른 신화를 전한다. 여기서 켈레오스 왕의 아내는 메타네이라가 아니라 미스메이고 그녀에게는 아스칼라보스라는 아들이 있다. 사라진 딸을 찾아 온 세상을 헤매고 다니던 데메테르 여신은 엘레우시스를 지날 때 켈레오스의 궁에 들러 미스메에게 먹을 것을 청하였다. 미스메는 여신에게 물과 보릿가루와

아스칼라보스의 조롱을 받는 데메테르 여신
아담 엘스하이머(Adam Elsheimer), 1605년, 프라도 미술관

박하를 섞어 만든 키케온을 내주었다. 몹시 배가 고프고 갈증이 났던 여신은 키케온을 허겁지겁 삼켰고 이를 본 미스메의 아들 아스칼라보스가 게걸스럽다며 여신을 조롱했다. 화가 난 데메테르 여신은 먹고 있던 키케온을 아스칼라보스에게 뿌렸고 아스칼라보스는 얼룩덜룩한 도마뱀으로 변해버렸다.

메타부스 Metabus

요약

로마 신화에 등장하는 이탈리아 볼스키족의 왕이다.

적들에게 쫓길 때 어린 딸 카밀라를 창에 묶어 강 건너편으로 던진 뒤 헤엄쳐 강을 건너 추격에서 벗어났다.

숲 속에서 아버지와 단둘이 생활하며 자란 카밀라는 아마조네스와 같은 처녀 여전사로 성장하였다.

기본정보

구분	볼스키의 왕
외국어 표기	라틴어: Metabus, 그리스어: Μέταβος
관련 신화	아이네이아스의 이탈리아 정착
가족관계	카밀라의 아버지, 카스밀라의 남편

인물관계

메타부스는 카스밀라와 결혼하여 딸 카밀라를 낳았다.

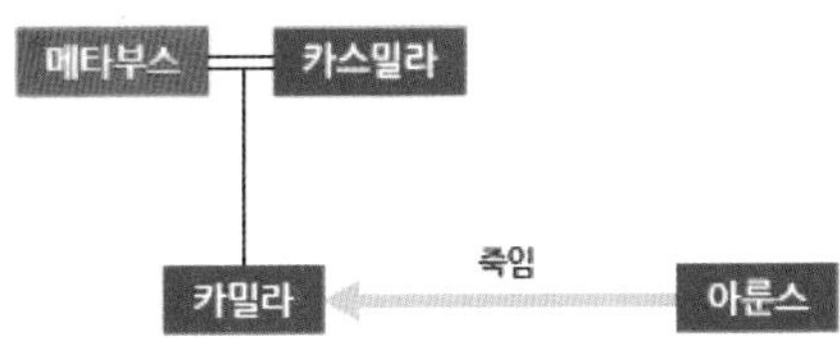

카밀라를 창에 묶어 던진 메타부스

메타부스는 이탈리아 볼스키족의 왕국 프리베르눔을 다스리던 왕이었다. 그는 아내 가스밀라가 어린 딸 카밀라를 남겨놓고 죽은 뒤 점점 성격이 거칠고 포악해져 급기야는 정적들에 의해 나라에서 쫓겨나는 신세가 되었다. 메타부스는 카밀라를 데리고 적들의 추적을 피해 달아나다 아마세누스 강에 이르렀는데 어린 딸을 안고서 어떻게 세차게 흐르는 강물을 건너야 할지 도무지 알 수가 없었다. 메타부스는 고심 끝에 카밀라를 창에 묶어 강 건너편을 향해 던지기로 했다. 메타부스는 디아나(그리스 신화의 아르테미스) 여신께 딸의 목숨을 구해달라고 기도를 올린 뒤 창을 있는 힘껏 던지고 헤엄을 쳐서 강을 건넜다. 강 건너편에 도착해보니 딸은 무사했다.

아마조네스와 같은 여전사로 성장한 카밀라

메타부스와 카밀라 부녀는 단둘이 숲 속에서 디아나 여신을 섬기면서 살았다. 메타부스는 카밀라를 암말의 젖을 먹여 키웠고 자라면서 사냥하는 법과 싸우는 법을 가르쳤다.

처녀가 된 카밀라는 그리스 신화의 아마조네스처럼 사냥도 하고 전쟁에도 참여했다. 그녀는 트로이 유민을 이끌고 이탈리아에 도착한 아이네이아스와 원주민의 왕 투르누스 사이에 전쟁이 벌어

메타부스와 카밀라
15~16세기, 보카치오(Boccaccio)의 『뛰어난 여성들에 대하여』에 실린 삽화.

졌을 때 투르누스의 편으로 참가해서 많은 공적을 세우기도 했지만 결국 에트루리아의 용사 아룬스의 창에 찔려 죽고 말았다.

한편 로마의 역사가 스트라본은 이탈리아 남부에 있던 그리스 식민지 '마그나 그라이키아'의 도시 메타폰티온이 메타부스의 이름에서 유래한다고 기록하였다.

메티스 Metis

요약

오케아노스와 테티스 사이에서 난 티탄 신족의 여신으로 제우스의 첫 번째 아내이다.

지혜의 여신 아테나의 어머니이다.

아테나의 탄생
흑색상 도기, 기원전 550년경, 루브르 박물관

기본정보

구분	티탄 신족
상징	지혜, 기술, 술수
외국어 표기	그리스어: Μήτις
어원	지혜로운 여자
별자리	목성에서 가장 가까운 위성
가족관계	제우스의 아내, 아테나의 어머니

인물관계

메티스는 1세대 티탄 신족인 오케아노스와 테티스 사이에서 태어난 3천 명의 딸(오케아니데스) 중 하나로, 제우스와 결합하여 지혜의 여신 아테나를 낳았다.

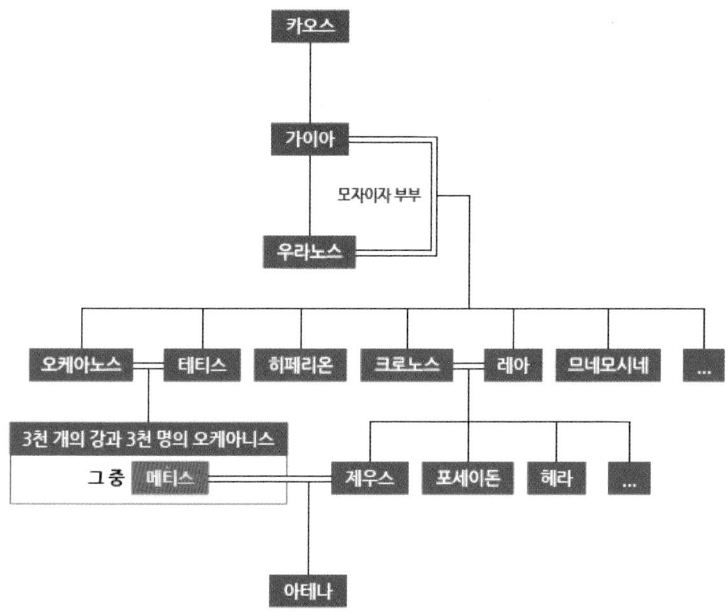

신화이야기

메티스와 제우스

그리스 신화에서 메티스는 오케아노스와 테티스 사이에서 태어난 딸로, 신들의 초기 세대인 티탄 신족에 속하는 여신이며 또한 지혜, 기술, 술수 등이 인격화된 여신이기도 하다. 헤시오도스는 『신들의 계보』에서 메티스를 "신과 인간 중에 가장 지혜로운 자"로 묘사하고 있다. 메티스는 제우스를 도와 크로노스가 삼킨 자식들을 다시 토해내게 만들지만 제우스의 아이인 아테나를 임신한 채 제우스에게 삼켜지는 운명을 맞는다.

티탄 신족의 왕 크로노스는 자신도 아버지 우라노스처럼 자식에 의해 폐위당할 것이라는 어머니 가이아의 예언을 듣고 아내 레아가 자식을 낳는 족족 집어삼켰다. 어머니 레아의 기지로 간신히 목숨을 구한 막내아들 제우스는 나중에 메티스의 도움으로 형제들을 구해내는데 성공한다. 메티스가 제우스에게 약초를 구해 주고 약을 제조하는 방법을 가르쳐 주었는데 그 약을 몰래 크로노스에게 먹이자 삼켜 버린 자식들을 모조리 다시 토해냈던 것이다.

아테나의 단생

메티스는 줄기차게 구애하는 제우스를 피해 마치 네메시스처럼 여러 가지 형상으로 모습을 바꿔가며 도망치지만 결국 그의 첫 번째 아내가 되고 말았다. 둘의 결혼식 때 크로노스의 어머니 가이아는 제우스에게 불길한 예언을 하였다. 메티스가 딸을 낳으면 그 딸은 아버지와 대등한 능력을 지니게 될 것이고 아들을 낳으면 아버지보다 더 강력하게 자라나서, 제우스가 그랬듯이 아버지를 몰아내고 왕좌를 차지하게 되리라는 것이었다. 이에 제우스는 메티스가 임신을 하자 그녀를 통째로 삼켜 버렸다. 이후 메티스가 밴 아기는 제우스의 몸 속에서 계속 자라났고 제우스는 참을 수 없는 두통을 호소하였다. 대장장이 신 헤파이스토스가 도끼로 제우스의 이마를 찍어서 머리를 열자 그 속에서 이미 장성한 아테나 여신이 무장을 한 채로 튀어나왔다.(헤파이스토스는 헤라가 홀로 임신해서 낳은 자식이기도 하다. 다른 신화에서는 제우스의 머리를 도끼로 쪼갠 것이 헤파이스토스가 아니라 프로메테우스라고도 한다) 제우스는 메티스를 삼킨 덕분에 그녀가 지녔던 지혜도 획득하여 강력한 왕권을 구축할 수 있었다.

또 다른 신화에 의하면 메티스는 자신에게 욕망을 품고 쫓아오는 제우스를 피해 도망치다가 파리로 변했는데 제우스가 이를 냉큼 삼켜 버렸다고 한다. 파리로 변한 메티스는 제우스의 혈관 속으로 들어갔다가 임신을 하게 된다. 임신한 메티스는 제우스의 머리로 기어올라갔고 제우스는 머리 속에서 태아가 점점 자라나자 참을 수 없는 고통을 호소하게 된다. 결국 제우스는 헤파이스토스를 불러 자기 이마를 쪼개고 아이를 꺼내도록 하였다.

신화해설

그리스 신화에서 한 세대의 신들을 다스린 우두머리는 계속 자식에 의해 폐위되는 신세다. 1세대 신들의 왕 우라노스는 왕성한 생식력으로 어머니이자 아내인 가이아를 괴롭히다 아들 크로노스에 의해 거세된 채 폐위되었고, 우라노스에 이어 2세대 티탄 신족의 왕에 오른 크로노스는 자신 역시 자식에 의해 폐위되리라는 예언에 자식들을 낳는 족족 집어삼켰다. 하지만 어리석은 크로노스는 돌덩이와 아기도 제대로 구별하지 못해 결국 막내아들 제우스에게 폐위되어 타르타로스에 영원히 감금되고 말았다.

제우스가 어리석고 힘만 센 족속의 왕인 아버지 크로노스가 삼킨 형제들을 구해내어 새로운 시대를 열어 가는 데에는 '지혜로운 자' 메티스 여신의 도움이 중요한 역할을 하였다. 그러나 제우스 역시 아비를 능가하는 자식들이 태어나리라는 예언을 피하려 자신의 씨인 아테나를 잉태한 메티스를 아버지 크로노스처럼 통째로 삼켜버리는 짓을 한다. 하지만 아테네는 제우스의 몸 안에서 스스로 태어나 아비에게 참을 수 없는 두통을 일으킨 끝에 그 머리를 빠개고 완전 무장을 한 채 지혜의 여신으로서 세상에 나온다. 메티스를 삼킨 제우스도 이를 통해 더욱 지혜로워져 강력한 왕권을 확립하였고, 이로써 거친 물리적 힘들의 지배가 끝나고 지혜와 이성의 힘이 세상을 다스리는 그리스 신화의 올림포스 시대가 열렸다.

아테나의 탄생
흑색상 세발도기, 기원전 560년경, 테베에서 출토
루브르 박물관

멘토르 Mentor

요약

멘토르는 호메로스의 『오디세이아』에 등장하는 나이 많은 현자이다.

그는 오디세우스의 충직한 친구이다. 오디세우스는 트로이 원정을 떠나기 전에 어린 아들 텔레마코스의 교육과 집안의 일을 멘토르에게 맡긴다.

기본정보

구분	신화 속 인물
상징	현명한 조언자
외국어 표기	그리스어: Μέντωρ
어원	산스트리트어 man-tar(생각하는 사람), 라틴어 mon-i-tor(조언하는 사람)에서 유래
관련 개념	멘토링 Mentoring, 조언자 Mento, 조언을 받는 사람 Mentee
관련 신화	텔레마코스, 오디세우스, 라에르테스, 아테나

인물관계

멘토르는 호메로스의 『오디세이아』에 등장하는 오디세우스의 친구이자 오디세우스의 아들 텔레마코스를 돕는 현명한 조언자이다.

그는 알키모스의 아들이다.

신화이야기

개요

멘토르는 호메로스의 『오디세이아』에 등장하는 인물로 오디세우스의 충실한 친구이다. 멘토르는 이 서사시에서 중요한 인물은 아니지만 팔라스 아테나 여신이 그의 모습으로 변신해 오디세우스의 아들 텔레마코스를 돕는다.

텔레마코스와 멘토르
1699년 프랑소아 페넬롱(Francois Fenelon)이 쓴 『텔레마코의 모험』의 삽화

그리스 이타케 왕국의 오디세우스는 트로이 전쟁에 참여하기 전에 그의 오랜 친구 멘토르에게 아들 텔레마코스와 집안의 모든 일을 맡긴다.

> "나무랄 데 없는 오디세우스의 오랜 친구인 멘토르. 오디세우스는 배를 타고 이타케를 떠나기 전에 집안의 모든 일을 그에게 믿고 맡겼다. 그리고 그의 아버지 라에르테스의 말을 잘 들어줄 것과 아무 문제없이 모든 것을 잘 지켜달라고 한다."

그러나 트로이 전쟁이 끝나도 오디세우스가 돌아오지 않으므로 오만불손한 남자들이 오디세우스의 궁전으로 몰려들어 그의 아내 페넬로페에게 결혼을 요구하며 밤낮으로 연회를 베풀고 궁전을 난장판으로 만든다. 백성들은 오디세우스가 죽었다고 생각하고 이런 난감한 상황에서도 어떤 도움의 손길도 내밀지 않는다. 아직 스무살도 되지 않은 오디세우스의 아들 텔레마코스는 포악한 구혼자들 사이에서 힘도

쓰지 못한 채 아버지를 그리워하며 비통해한다.

그때 아테나 여신은 '타피아의 제후 멘테스'의 모습으로 등장해 텔레마코스에게 아버지의 생사를 확인해 보라고 조언한다. 이에 용기를 얻은 텔레마코스는 이타케 사람들에게 아버지의 생사를 확인하러 가려고 하니 빠른 배 한 척과 스무 명의 선원들을 지원해달라고 한다. 그리고 아버지의 죽음을 확인하고 그의 장례를 치른 후에야 어머니가 새로운 남편을 맞을 수 있을 것이라고 말한다. 이때 아버지의 오랜 친구인 멘토르가 일어나 텔레마코스를 지지하는 발언을 한다.

한편 텔레마코스는 바닷가로 가 두 손을 씻고 아테나 여신에게 도움을 요청하는 기도를 한다. 그때 생김새와 목소리가 멘토르와 똑같은 아테나 여신이 나타나 그에게 용기를 북돋아준다.

> "텔레마코스, 그대는 앞으로 비겁하지도 어리석지도 않을 것이오. 그대의 아버지의 고귀한 정신을 물려받았단 말이오. 예전에 그분이 그런 것처럼 그대도 말과 행동으로 실현할 것이오. 누구도 그대의 여행을 저지하거나 결코 헛되게 하지 못할 것이오."

이후 멘토르는 이 서사시에 직접 등장하지는 않지만 아테나 여신이 그의 모습을 빌어 텔레마코스를 격려하는 조언자의 역할을 한다. 아테나 여신은 아버지의 행방을 알기 위해 네스토르와 메넬라오스를 찾아 떠나는 텔레마코스의 여행에 동행해 텔레마코스를 돕는다. 또한 후에 오디세우스가 페넬로페의 구혼자들과 싸울 때도 멘토르의 모습으로 변신해 그를 돕는다. 아테나 여신은 이타케 사람들이 일대 혈전을 벌이기 직전에 이들의 싸움을 그만두게 한다. 지혜로운 오디세우스는 크로노스의 아드님 제우스가 노하기 전에 전쟁을 멈추라는 아테나 여신의 말에 복종한다. 이 서사시는 이렇게 끝을 맺는다.

"둘 사이의 협약이 제우스의 딸 아테나 여신에 의해 맺어진다. 아테나 여신은 멘토르의 모습을 하고 목소리도 그와 똑같았다."

멘테스와 멘토르

멘테스와 멘토르는 동일인물이 아니다. 『오디세이아』에서 아테나 여신은 멘테스와 멘토르의 모습으로 변장을 하고 텔레마코스에게 조언을 한다. 그럼 멘테스는 누구일까? 멘테스는 타피아의 왕이자 현자인 안키알로스의 아들이다. 아테나 여신은 『오디세이아』 1장에서 불량한 구혼자들에게 기가 죽어 어찌할 바를 모르는 텔레마코스 앞에 멘테스의 모습으로 등장해 그에게 아버지를 찾아 떠날 수 있는 힘과 용기를 준다. 2장에서 비로소 오디세우스의 친구인 멘토르가 등장한다. 하지만 그 후 등장하는 멘토르는 변장한 아테나 여신이다. '멘토르' 즉 아테나 여신은 오디세우스와 텔레마코스의 어려움을 함께 해결하고 용기를 북돋아 주면서 그들의 현명한 길잡이 역할을 한다. 결국 오디세우스와 텔레마코스의 진정한 '멘토'는 아테나 여신인 것이다.

멘토르로 변장한 아테나와 텔레마코스
『오디세이아』 삽화, 1810년경

신화해설

『오디세이아』는 오디세우스의 아들 텔레마코스와 오디세우스의 모험을 다루고 있지만 멘토르로 변신한 조언자 아테나 여신도 중요한 역할을 한다. 이 책에서 '멘토', '멘토링'의 어원이 오디세우스의 친구 멘토르임을 알 수 있다.

멘토가 근래의 의미로 처음 쓰인 것은 프랑스 작가 프랑수아 페넬롱의 작품 『텔레마코스의 모험』(1699년)에서다. 18세기까지 이 작품은 대중의 사랑을 받았고 『오디세이아』에 등장하는 멘토르가 조언자라는 뜻의 보통명사 멘토로 대중화된 계기가 되었다.

그렇다면 과연 어떤 사람이 멘토가 될 수 있을까? 혹은 우리는 어떤 사람을 멘토로 삼고 싶을까? 『오디세이아』에 짧지만 강력한 힌트가 들어있다. 멘토르는 누구인가? 왜 아테나 여신은 멘토르의 모습으로 텔레마코스 앞에 등장하는지를 생각해보자.

멘토르는 오디세우스의 오랜 친구이다. 여기서 우리는 오디세우스가 자신의 아들과 집안의 일을 맡길 정도면 멘토르가 전적으로 신뢰할 만한 현명한 인물이라는 것을 짐작할 수 있다. 우리는 누군가를 멘토로 삼고 싶을 때 무엇보다도 절대적으로 신뢰할 수 있는 존재여야 한다. 그리고 풍부한 인생경험에서 인생의 지혜를 얻을 수 있는 사람이어야 한다. 멘토르는 이런 조건을 갖춘 사람이기 때문에 텔레마코스가 믿고 의지한다. 그래서 지혜의 여신인 아테나는 그의 모습으로 등장해 텔레마코스를 이끌고 있는 것이다.

멜라니온 Melanion

요약

그리스 신화에 등장하는 처녀 사냥꾼 아탈란테의 연인 혹은 남편이다. 아프로디테가 선물한 세 개의 황금사과 덕분에 처녀 사냥꾼 아탈란테와의 경주에서 승리하여 그녀와 결혼하였다. 하지만 두 사람은 제우스(혹은 키벨레)의 신전에서 사랑을 나누다 신들의 분노를 사게 되어 사자로 변하였다.

기본정보

구분	왕자
외국어 표기	그리스어: Μελανίων, 혹은 Μειλανίων
별칭	메일라니온(Meilanion)
관련 상징	키벨레의 사자

인물관계

멜라니온은 아르카디아의 시조 아르카스의 후손으로 암피다마스의 아들이며, 헤라클레스의 박해자인 에우리스테우스 왕의 아내 안티마케가 그의 누이이다.

멜라니온은 처녀 사냥꾼 아탈란테와 결혼하여 테바이 공략 7장군 중 한 명인 파르테노파이오스를 낳았다.

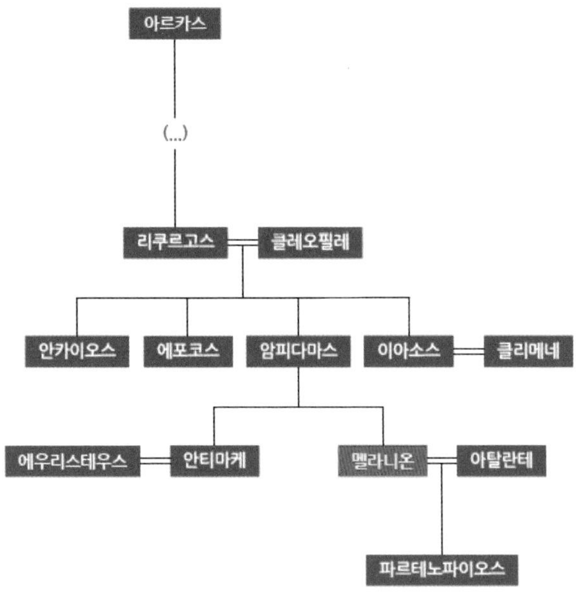

아탈란테의 경주

아르카디아의 시조 아르카스의 후손인 멜라니온은 켄타우로스족의 현자이자 영웅들의 스승인 케이론에게서 교육을 받았고 칼리돈의 멧돼지 사냥에도 참가했던 용사이다. 그는 사촌인 처녀 사냥꾼 아탈란테가 부친의 결혼 재촉에 못 이겨 자신과 경주하여 이기는 사람과 결혼하겠다고 발표했을 때 경주의 심판을 자청하였다.

아탈란테와의 경주는 질 경우 목숨을 내놓아야 하는 죽음의 경주였다. 어려서부터 사냥꾼들 틈에서 자란 아탈란테는 바람처럼 빨리 달리는 뛰어난 사냥꾼으로, 펠리아스의 장례 경기와 칼리돈의 멧돼지 사냥을 통해 그녀의 명성은 그리스 전역에 자자한 터였다. 수많은 남자들이 그녀의 미모에 반해 경주에 나섰다가 목숨을 잃었다. 심지어 아탈란테는 무장을 하고 경주에 나서고 남자들은 벌거벗어 몸을 가볍게 하고 달렸는데도 언제나 아탈란테가 이겼다.

경주에서 승리한 멜라니온

이제 더 이상 경주에 나설 남자가 없어질 즈음 멜라니온 자신이 경주에 참여하겠다고 나섰다. 경주의 심판을 보다가 그만 그녀에게 반하고 만 것이다. 그는 경주에 나서기 전에 아프로디테 여신에게 자신이 승리하게 해달라고 간절히 빌었다. 아프로디테는 멜라니온의 기도를 듣고 황금사과 세 개를 내려주었다.

아탈란테와 히포메네스의 경주
니콜라 콜롱벨(Nicolas Colombel), 1680년
리히텐슈타인 미술관

경주가 시작되자 멜라니온은 아탈란테가 자신을 앞지르려 할 때마다 황금사과를 던졌고 아탈란테는 신기한 황금사과를 줍느라 시간을 지체하여 결국 경주에 지고 말았다.(일설에는 아탈란테도 칼리돈의 멧돼지 사냥 때부터 이미 그를 마음에 두었기 때문에 일부러 황금사과를 주우며 시간을 지체했다고 한다)

사자로 변한 아탈란테와 멜라니온

결혼하여 부부가 된 두 사람은 어느 날 제우스의 신전에서 사랑을 나누다 신의 진노를 사서 사자로 변하고 말았다. 고대인들은 사자는 서로 맺어질 수 없다고 믿었으므로 아탈란테와 멜라니온은 결코 다시는 맺어질 수 없게 된 것이다.(고대인들은 사자가 표범과 교미하여 새끼를 낳는다고 믿었다) 하지만 또 다른 이야기에 따르면 멜라니온이 아탈란

테를 아내로 얻은 뒤 아프로디테에게 감사의 제물을 올리지 않았기 때문에 화가 난 아프로디테가 두 사람에게 갑삭스러운 욕정을 불러일으켜 키벨레 여신의 신전에서 사랑을 나누게 했다고 한다. 키벨레 여신은 자신의 신전을 욕되게 한 두 사람이 더 이상 사랑을 나누지 못하도록 사자로 바꾸어 데리고 다녔다. 키벨레 여신의 수레를 끄는 사자 두 마리는 멜라니온과 아탈란테가 변한 것이라고 한다.

일부 전승에서는 아탈란테의 남편의 이름이 멜라니온이 아니라 히포메네스로 나오지만 신화의 내용은 동일하다.

아탈란테와 히포메네스
귀도 레니(Guido Reni), 1622년경, 나폴리 카포 디 몬테 박물관

멜라니페 Melanippe

요약

그리스 신화에 나오는 헬렌의 아들 아이올로스 왕의 딸이다.

처녀의 몸으로 포세이돈과 관계하여 쌍둥이 아들 아이올로스와 보이오토스를 낳았다. 분노한 아버지는 딸을 장님으로 만들어 지하 감옥에 가두고 그녀의 두 아들은 숲에 버렸다. 하지만 두 아이는 암소의 젖을 먹으며 살아남아 나중에 어머니를 구해냈다.

기본정보

구분	공주
외국어 표기	그리스어: Μελανίππη
어원	검은 말
별칭	아르네(Arne)
관련 신화	아이올로스와 보이오토스, 케이론

인물관계

멜라니페는 헬렌의 아들 아이올로스가 켄타우로스족의 현자 케이론의 딸 히페와 사이에서 낳은 딸이다. 멜라니페는 포세이돈과 사이에서 아이올로스와 보이오토스를 낳았다.

멜라니페의 아들 아이올로스는 리파라 왕 리파로스의 딸 키아네와 사이에서 아스티오코스, 크수토스, 안드로클레스, 페라이몬, 이오카스토스, 아가티르노스 등의 아들을 낳았다.

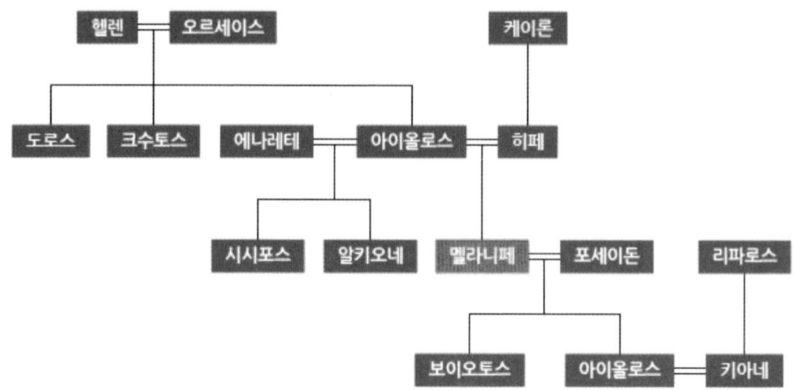

신화이야기

아이올로스의 딸 멜라니페

그리스인의 시조 헬렌의 아들 아이올로스가 켄타우로스 케이론의 딸 히페(혹은 멜라니페)와 사이에서 낳은 딸인 멜라니페(혹은 아르네)는 처녀의 몸으로 해신 포세이돈과 관계하여 쌍둥이 아들 아이올로스와 보이오토스를 낳았다. 그러자 멜라니페의 아버지 아이올로스는 딸을 장님으로 만들어 지하 감옥에 가두고 쌍둥이 아들은 산 속에 내다 버렸다. 하지만 아이들은 암소의 보살핌을 받으며 살아 남았고 나중에 목동들에게 발견되어 이카리아 왕 메타폰토스의 궁으로 들어갔다. 그 무렵 아이를 낳지 못해 소박맞을 처지에 몰려있던 메타폰토스의 아내 테아노가 몰래 어린아이를 수소문하던 중 이들의 소식을 듣고 궁으로 데려갔던 것이다.

테아노는 남편 메타폰토스에게 아이올로스와 보이오토스를 자신이 낳은 아기라고 속이고 키웠다. 그런데 얼마 뒤 테아노는 임신을 하여 두 아들을 낳았다. 자신의 아이들이 태어나자 테아노는 목동들이 데려온 아이올로스와 보이오토스가 그만 이 세상에서 없어지기를 바랐다. 게다가 메타폰토스 왕은 잘 생기고 총명한 아이올로스와 보이오토스를 테아노가 낳은 아들들보다 더 총애하였다.

네 아이가 모두 건장한 청년으로 자랐을 때 테아노는 자신의 두 아이에게 두 형의 출생 비밀을 털어놓으며 함께 사냥을 가서 죽여버리라고 했다. 하지만 아이올로스와 보이오토스는 포세이돈의 도움으로 목숨을 구하고 오히려 테아노의 두 아들을 죽였다. 두 아들의 죽음을 전해들은 테아노는 스스로 목숨을 끊었고 아이올로스와 보이오토스는 자신들을 발견한 목동의 집으로 피신하였다. 그곳에서 포세이돈은 자식들에게 자신의 정체를 밝히고 아직도 지하 감옥에 갇혀 있는 어머니 멜라니페를 구하라고 했다. 두 형제는 외할아버지 아이올로스를 죽이고 어머니를 구해냈고 포세이돈은 멜라니페가 다시 눈을 뜰 수 있게 해 주었다.

아이올로스와 보이오토스는 어머니 멜라니페와 함께 메타폰토스 왕에게로 가서 테아노의 죄상을 폭로했고 왕은 그들의 어머니 멜라니페와 결혼하였다. 그 후 보이오토스는 테살리아 남쪽으로 가서 보이오티아인의 조상이 되었고 아이올로스는 시칠리아 섬 북쪽의 티레니아 해로 가서 아이올리아 군도를 다스렸다고 한다.

또 다른 멜라니페

다른 전승에 따르면 헬렌의 아들 아이올로스와 관계를 맺은 켄타우로스족의 현인 케이론의 딸 이름이 멜라니페이다. 둘 사이에서 태어난 딸의 이름은 아르네라고 한다. 케이론의 딸 멜라니페는 아버지 몰래 아이올로스와 사랑을 나누고 임신하자 아버지의 분노가 두려워 아르테미스 여신에게 간청하여 암말로 변신한 뒤 아르네를 낳았다. 그래서 아르네는 망아지로 태어났다가 나중에 사람의 형상을 얻었다고 한다.

군신 아레스의 딸로 아마조네스 여왕 히폴리테의 자매 중에도 멜라니페가 있다. 그녀는 헤라클레스와 아마조네스 사이에 전쟁이 일어났을 때 헤라클레스의 동료 텔라몬에 의해 죽임을 당했다.

멜라스 Melas, 리킴니오스의 아들

요약

그리스 신화에 나오는 헤라클레스의 외숙부 리킴니오스의 아들이다. 이올레의 구혼 문제로 헤라클레스가 오이칼리아 왕 에우리토스와 전쟁을 벌였을 때 함께 참전했다가 전사하였다.

기본정보

구분	왕족
외국어 표기	그리스어: Μέλας
어원	검푸른, 어두운
관련 신화	헤라클레스의 오이칼리아 전쟁

인물관계

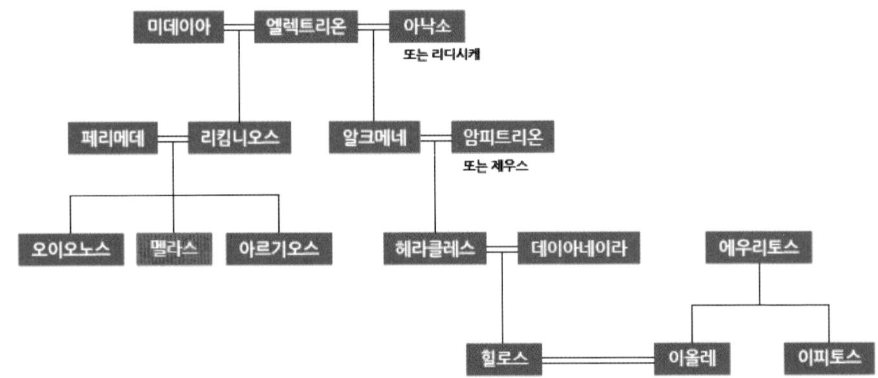

멜라스는 미케네 왕 엘렉트리온의 아들 리킴니오스가 암피트리온의 누이 페리메데와 결혼하여 낳은 세 아들 중 한 명이다. 나머지 두 아들은 오이오노스와 아르기오스다.

리킴니오스는 헤라클레스의 어머니 알크메네와 배다른 남매지간이므로 멜라스는 헤라클레스의 외사촌이 된다.

신화이야기

개요

멜라스의 아버지 리킴니오스는 미케네 왕 엘렉트리온이 프리기아 여인 미데이아에게서 얻은 아들로, 헤라클레스의 어머니인 알크메네와 배다른 형제이다. 리킴니오스에게는 멜라스 외에 두 아들 오이오노스와 아르기오스가 있었다.

리킴니오스의 세 아들 가운데 오이오노스는 헤라클레스가 창설한 올림피아 경기에서 1등을 하는 등 운동 능력이 탁월했는데 스파르타를 방문했다가 그곳의 왕 히포콘의 아들들에게 살해당하고 말았다. 이에 헤라클레스는 스파르타를 공격하여 히포콘과 그의 아들들을 모두 죽이고 오이오노스의 복수를 하였다. 이에 리킴니오스는 헤라클레스가 이올레에 대한 구혼 문제로 오이칼리아의 왕 에우리토스와 전쟁을 치를 때 나머지 두 아들 멜라스와 아르기오스를 보내 헤라클레스를 돕게 하였다. 하지만 이 전쟁으로 리킴니오스는 나머지 두 아들마저 잃고 말았다.

헤라클레스와 이올레

궁술의 명인으로 알려진 오이칼리아의 왕 에우리토스는 활쏘기 시합에서 자신을 이기는 자에게 아름다운 딸 이올레를 아내로 주겠다고 공표했다. 이 소식을 들은 헤라클레스가 왕과 활쏘기 시합을 벌여 승리하였다. 하지만 에우리토스 왕은 헤라클레스가 광기에 사로잡혀 아내와 자식들을 모두 죽인 전력을 들어 이올레를 아내로 내주려 하지 않았고 헤라클레스는 화가 나서 오이칼리아를 떠났다.

그런데 헤라클레스가 떠난 직후 에우리토스 왕의 암말 몇 마리가 사라졌다. 왕은 헤라클레스를 의심했다. 하지만 실제로 에우리토스의 암말을 훔친 자는 아우톨리코스였다. 헤라클레스는 에우리토스 왕의 아들 이피토스가 잃어버린 암말을 찾아다니다 자신에게 들렀을 때 그가 자신을 도둑으로 의심한다고 여겨 높은 성벽에서 떨어뜨려 죽였다. 그 후 헤라클레스는 이 살인죄를 씻기 위해 헤르메스 신에 의해 리디아의 여왕 옴팔레에게 노예로 팔려가야 했지만 노예 종사 기간이 끝나자 복수를 위해 다시 오이칼리아로 쳐들어갔다. 이 전쟁에서 헤라클레스는 에우리토스 왕을 죽이고 그의 딸 이올레를 빼앗아왔다.(다른 이야기에 의하면 에우리토스 왕은 아폴론과 궁술 시합을 겨루다 그 전에 이미 죽었으므로 여기서 헤라클레스에게 죽임을 당한 것은 그의 자식들이라고 한다) 하지만 사촌지간인 헤라클레스를 돕기 위해 참전했던 멜라스와 아르기오스는 전사하고 말았고 헤라클레스는 두 형제를 위해 성대한 장례식을 베풀어 주었다.

또 다른 멜라스

그리스 신화에 등장하는 멜라스는 그밖에도 여러 명이 있다.

1) 엔디미온의 후손인 칼리돈 왕 포르타온의 아들.

2) 오르코메노스 왕 아타마스의 아들 프릭소스가 계모 이노의 박해를 피해 황금 양을 타고 콜키스로 건너가서 아이에테스 왕의 딸 칼키오페에 결혼하여 낳은 아들 중 하나.

3) 키오스 섬의 왕 오이노피온이 님페 헬리케와 사이에서 낳은 아들.

4) 헤라클레스가 이피토스를 죽인 죄로 리디아의 여왕 옴팔레의 노

예가 되었을 때 그녀와 사이에서 낳은 아들.

5) 포세이돈의 아들로 이집트 나일 강의 옛 이름인 멜라스 강에 이름을 준 인물.

6) 트로이 전쟁 때 테우티스의 장군 오르니토스가 메넬라오스와 말다툼을 벌인 뒤 화가 나서 자기 병사들을 이끌고 귀향하려 했을 때 이를 만류하다 창에 찔렸던 옵스의 아들. 이 멜라스는 아테나 여신이 변신한 것이었다고도 한다.

멜라스 Melas, 프릭소스의 아들

요약

그리스 신화에서 오르코메노스의 왕자 프릭소스가 계모 이노의 박해를 피해 황금 양을 타고 콜키스로 건너가서 아이에테스 왕의 딸 칼키오페와 결혼하여 낳은 아들이다.

아버지 프릭소스가 아이에테스 왕의 손에 죽은 뒤 멜라스와 형제들은 아르고호 원정대가 콜키스에 침입하여 황금양털을 빼앗아오는 데 커다란 도움을 주었다.

기본정보

구분	신화 속 인물
상징	길잡이
외국어 표기	그리스어: Μέλας
어원	검푸른, 어두운
관련 신화	아르고호 원정대와 황금양털

인물관계

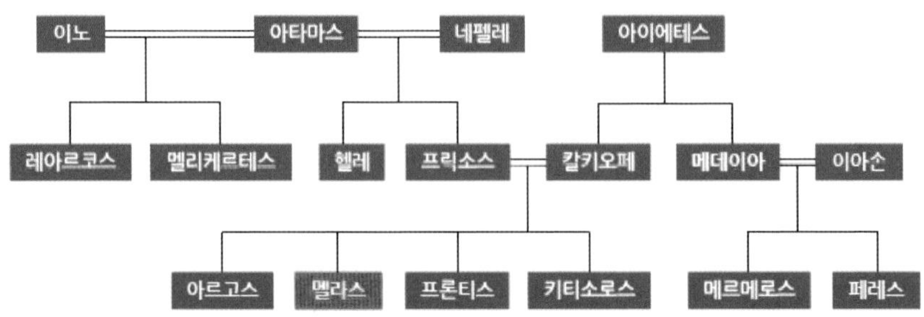

멜라스의 아버지 프릭소스는 오르코메노스 왕 아타마스와 님페 네펠레 사이에서 태어난 남매 중 한 명이다. 프릭소스의 누이는 헬레이다. 프릭소스는 계모 이노의 박해를 피해 콜키스로 도망가서 콜키스 왕 아이에테스의 딸 칼키오페와 결혼하여 네 아들 아르고스, 멜라스, 프론티스, 키티소로스를 낳았다.

신화이야기

계모의 박해를 피해 도망친 프릭소스와 헬레

멜라스의 아버지 프릭소스는 보이오티아 지방 오르코메노스의 왕 아타마스가 구름의 님페 네펠레와 결혼하여 낳은 아들이다. 프릭소스에게는 쌍둥이 누이 헬레가 있었다. 그런데 아타마스 왕은 카드모스 왕의 딸 이노에게 반하여 쌍둥이 남매의 어머니 네펠레를 버리고 그녀와 재혼하였다.

이노는 전처가 낳은 남매를 박해하여 죽이려 했는데 하늘에서 금빛 털을 지닌 숫양 한 마리가 내려와 프릭소스와 헬레를 등에 태우고 사라졌다. 이 황금털의 숫양은 헤르메스(혹은 제우스)가 두 남매의 어머니 네펠레의 부탁으로 아이들을 구하기 위해 보낸 것이었다.

프릭소스와 헬레
폼페이의 벽화를 모사한 삽화, 1902년
나폴리 고고학박물관

숫양은 두 남매를 태우고 바다를 건너 코카서스 지방

으로 날아갔는데 가는 도중 헬레가 그만 바다에 떨어져 죽고 말았다. 이때부터 그곳은 헬레의 바다 즉 헬레스폰토스라고 불렸다.

콜키스의 황금양털

프릭소스는 숫양을 타고 계속 날아가서 콜키스에 도착했다. 콜키스의 왕 아이에테스는 황금빛 숫양을 타고 하늘에서 내려온 프릭소스를 환대하고 자신의 딸 칼키오페와 결혼시켰다. 프릭소스는 어머니 네펠레가 일러준대로 숫양을 죽여 제우스 신께 제물로 바치고 황금양털은 아이에테스 왕에게 선사했다. 아이에테스 왕은 이 신비한 물건을 신성한 아레스의 숲에 있는 떡갈나무에 걸어놓고 결코 잠들지 않는 용을 시켜 지키게 하였다.

이아손과 황금양털
주석유리 도기, 미상, 1540년경, 신시내티 미술관

아르고호 원정대의 길잡이가 된 멜라스와 형제들

프릭소스는 칼키오페와 사이에서 아르고스, 멜라스, 프론티스, 키티소로스 등 네 아들을 낳고 한동안 잘 살았다. 하지만 아이에테스 왕은 그리스에서 온 이방인을 조심하라는 신탁을 듣고 두려운 마음이 들어 결국 프릭소스를 죽인다. 이에 멜라스와 형제들은 뗏목을 타고 콜키스를 탈출했고 바다를 표류하다 아르고호 원정대에 의해 구조되었다.

콜키스에서 나고 자란 이들 형제들은 원정대의 길잡이가 되어 이아손 일행이 아이에테스 왕에게서 황금양털을 빼앗아오는 데 커다란 도움을 주었다. 아르고호 원정대가 황금양털을 손에 넣은 뒤 멜라스와 형제들은 원정대와 함께 선조들의 나라 그리스로 돌아갔다.

또 다른 멜라스

그리스 신화에 등장하는 멜라스는 그밖에도 여러 명이 있다.

1) 엔디미온의 후손인 칼리돈 왕 포르타온의 아들.

2) 미케네 왕 엘렉트리온의 아들 리킴니오스가 암피트리온의 누이 페리메데와 결혼하여 낳은 세 아들 중 하나.

3) 키오스 섬의 왕 오이노피온이 님페 헬리케와 사이에서 낳은 아들.

4) 헤라클레스가 이피토스를 죽인 죄로 리디아의 여왕 옴팔레의 노예가 되었을 때 그녀와 사이에서 낳은 아들.

5) 포세이돈의 아들로 이집트 나일 강의 옛 이름인 멜라스 강에 이름을 준 인물.

6) 트로이 전쟁 때 테우티스의 장군 오르니토스가 메넬라오스와 말다툼을 벌인 뒤 화가 나서 자기 병사들을 이끌고 귀향하려 했을 때 이를 만류하다 창에 찔렸던 옵스의 아들. 이 멜라스는 아테나 여신이 변신한 것이었다고도 한다.

멜란토 Melantho

요약

그리스 신화에 나오는 페넬로페의 시녀이다.

오디세우스가 전쟁에 나간 사이 페넬로페를 괴롭히던 구혼자 무리 중 한 명과 통정하고 주인을 배신하였다. 다시 돌아온 오디세우스에 의해 죽임을 당했다.

기본 정보

구분	신화 속 여인
상징	배신
외국어 표기	그리스어: Μελανθώ
어원	검은 여인
관련 신화	오디세우스

인물관계

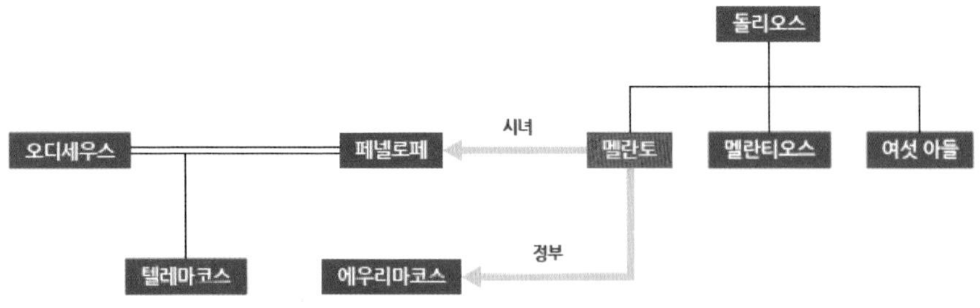

페넬로페의 시녀 멜란토는 오디세우스의 정원사 돌리오스의 딸로

염소치기 멜란티오스와 남매 사이다. 돌리오스에게는 이들 두 남매 외에 여섯 아들이 더 있었다. 멜란토는 페넬로페의 구혼자들 중 한 명인 에우리마코스의 정부이기도 했다.

신화이야기

구혼자들의 편에 붙은 멜란토

멜란토의 아버지 돌리오스는 페넬로페가 이타카의 오디세우스에게 시집올 때 그녀의 아버지 이카리오스가 함께 보낸 늙은 정원사로 충성스러운 하인이었다. 페넬로페는 그의 딸 멜란토를 어릴 때부터 친딸처럼 길러주고 총애하였다. 하지만 오디세우스가 트로이 전쟁에 나가서 돌아오지 않는 탓에 페넬로페가 무례한 구혼자들에게 시달리고 있을 때, 멜란토는 그들 중 한 사람인 에우리마코스의 정부가 되어 그녀의 오라비 멜란티오스와 함께 구혼자들 편에 붙었다.

페넬로페의 수의

구혼자들은 오디세우스의 궁에 죽치고서 허구한 날 축제를 벌이며 그의 재산을 탕진하였다. 이들의 집요한 결혼 요구를 견디다 못한 페넬로페는 한 가지 꾀를 내었다. 이제 연로하여 죽을 때가 멀지 않은 시아버지 라에르테스를 위해 수의를 짜야 하는데 그 일이 끝나면 그들 중 한 사람을 남편으로 맞이하겠다고 구혼자들에게 약속한 것이다. 하지만 페넬로페는 낮에 베틀에서 짠 수의를 밤에 몰래 다시 풀어버리는 식으로 계속해서 시간을 끌었다. 그러나 페넬로페의 시간 끌기는 멜란토의 고자질로 3년 만에 끝이 나고 말았다.

멜란토의 최후

그 무렵 오디세우스가 마침내 이타카로 돌아왔다. 충성스러운 돼지치기 에우마이오스와 그 사이 어엿한 청년으로 자란 아들 텔레마코스를 만나 그간의 소식과 이타카의 상황을 모두 전해들은 오디세우스는 일단 자신의 정체를 감추고 거지 행색으로 궁에 들어갔다. 그러자 멜란토는 거지 주제에 함부로 구혼자들과 함께 궁 안의 홀에 머물려 한다며 오디세우스를 문전박대하고 욕을 퍼부었다.

다음 날 오디세우스는 텔레마코스, 에우마이오스, 필로이티오스 등과 함께 100여 명의 구혼자들을 모두 죽인 뒤, 그들과 정을 통하고 주인을 배신한 멜란토를 비롯한 열두 명의 시녀들에게도 벌을 내렸다. 그는 먼저 멜란토와 다른 시녀들에게 홀 안에 나뒹구는 구혼자들의 시체를 모두 밖으로 치우게 하고 궁을 정화한 다음 그녀들을 모두 궁궐 뜰에서 목매달아 죽였다.

구혼자들을 죽이는 오디세우스
기원전 330년경, 루브르 박물관

또 다른 멜란토

데우칼리온의 딸 멜란토는 돌고래로 변신한 포세이돈과 결합하여 아들 델포스를 낳았다고 한다. 델포스는 아폴론 신전이 있는 델포이에 이름을 준 인물이다.

멜란티오스 Melanthius

요약

그리스 신화에 나오는 오디세우스의 염소치기이다.

오디세우스가 전쟁에 나간 사이 그의 아내 페넬로페를 괴롭히던 구혼자 무리의 편에 붙어 주인을 배신하였다. 다시 돌아온 오디세우스가 구혼자들과 싸움을 벌일 때 구혼자들을 도우려다 붙잡혀 참혹한 죽음을 맞았다.

기본정보

구분	신화 속 인물
상징	배신, 불충
외국어 표기	그리스어: Μελάνθιος
어원	검다
관련 신화	오디세우스

인물관계

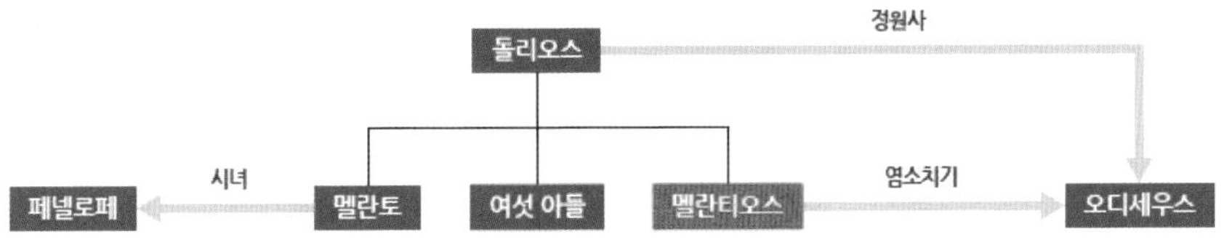

멜란티오스는 오디세우스의 정원사 돌리오스의 아들로 페넬로페의 시녀 멜란토와 남매 사이이다.

구혼자들에게 붙어 주인을 배신한 멜란티오스

멜란티오스는 이타카에서 오디세우스 집안의 염소를 돌보는 염소치기다. 호메로스의 『오디세이아』에서 그는 돼지치기 에우마이오스와 소치기 필로이티오스에 대비되는 인물로 등장한다. 에우마이오스와 필로이티오스가 20년 만에 혈혈단신으로 귀향한 옛 주인 오디세우스에게 여전히 충성을 바친 반면, 멜란티오스는 그의 누이 멜란토와 마찬가지로 주인을 배신하고 구혼자들의 편에 붙었다.

구혼자들은 오디세우스가 전쟁이 끝나고 여러 해가 흘렀는데도 돌아올 기미가 없자 그의 재산과 지위를 탐하여 그의 아내 페넬로페에게 결혼을 요구하며 난동을 부렸는데, 100여 명에 이르는 이들 무리는 오디세우스의 궁에 죽치고서 허구한 날 축제를 벌이며 그의 재산을 탕진하였다.

멜란티오스는 구혼자들을 위해 "모든 염소 떼 중에서도 가장 뛰어난 염소들"을 잡아서 그들의 잔칫상에 올리고 그들의 술잔에 포도주

구혼자들을 죽이는 오디세우스
구스타프 슈바브(Gustav Schwab), 1882년

를 채워주고 그들의 지시에 따라 홀에 불을 밝히는 등 구혼자들의 시종 노릇을 마다하지 않았다. 그 덕에 멜란티오스는 구혼자들의 신임과 총애를 얻었고 그들과 함께 식사를 하는 특전도 누렸다.

그 사이 이타카로 돌아온 오디세우스는 거지 행색을 하고 돼지치기 에우마이오스와 함께 궁으로 가던 중 거리에서 멜란티오스와 마주치게 되는데, 멜란티오스는 옛 주인을 몰라보고 거지인 줄로만 여겨 심한 모욕을 퍼붓고 발길질까지 했다.

멜란티오스의 처참한 최후

구혼자들에 대한 오디세우스의 공격이 시작되자 멜란티오스는 오디세우스가 사전에 아들 텔레마코스를 시켜 홀에서 치워버린 무기들을 다시 구혼자들에게 가져다 주려고 하였다. 그러자 돼지치기 에우마이오스와 소치기 필로이티오스가 그를 붙잡아 오디세우스의 명에 따라 창고에 가두었다.

싸움이 오디세우스의 승리로 끝나자 텔레마코스, 에우마이오스, 필로이티오스 등은 그 동안 구혼자들과 정을 통하고 주인을 배신한 시녀 열두 명을 뜰에서 목매달아 죽였다. 그 중에는 멜란티오스의 여동생 멜란토도 있었다.

그런 다음 그들은 창고에 갇힌 멜란티오스를 뜰로 끌고 나가 “무자비한 청동으로 그자의 코와 두 귀를 베고, 개들이 날로 먹도록 그자의 남근을 떼어냈으며 성난 마음에 그자의 두 손과 두 발을 잘라버렸다.”

멜람푸스 Melampus

요약

그리스 신화에 등장하는 예언자이다.

뛰어난 예언 능력으로 나중에 아르고스의 왕위에까지 오른 인물이다. 고대 그리스에서 멜람푸스는 예언자와 의사로 유명하다.

기본정보

구분	예언자
상징	예언자
외국어 표기	그리스어: Μέλαμπους
어원	검은 발
관련 동식물	뱀
관련 신화	아르고스 분할

인물관계

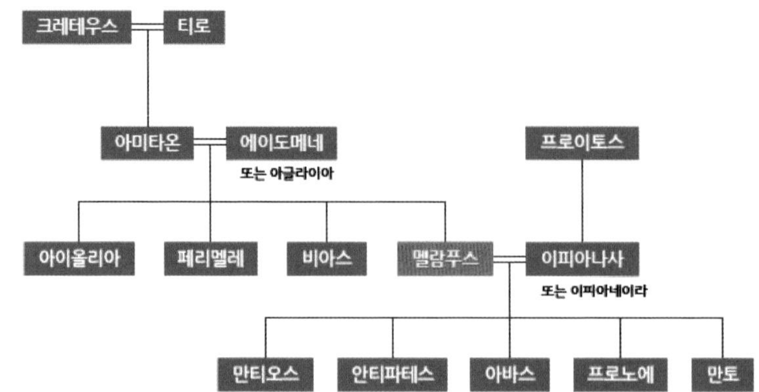

멜람푸스는 이올코스의 왕 크레테우스의 아들 아미타온과 에이도메네(혹은 아글라이아) 사이에서 난 아들로, 비아스와 형제이고 아이올리아, 페리멜레와는 남매 사이이다.

멜람푸스는 아르고스 왕 프로이토스의 딸 이피아나사(혹은 메가펜테스의 딸 이피아네이라)와 결혼하여 아들 만티오스, 안티파테스, 아바스 등과 딸 프로노에와 만토를 낳았다.

신화이야기

예언 능력의 획득

멜람푸스는 넬레우스 왕이 다스리는 필로스에 살았다. 그의 집 앞에는 커다란 떡갈나무가 서 있었는데 그 속에 뱀 둥지가 있었다. 하인들이 이를 발견하고 어미 뱀을 죽이자 멜람푸스는 어미 뱀을 화장시켜주고 그 새끼들을 거두어 길렀다. 새끼 뱀들이 멜람푸스가 잠든 사이에 그의 귀를 핥았는데 그 뒤로 그는 짐승들의 말을 이해하게 되었고 짐승들의 도움으로 앞일도 예언할 수 있게 되었다. 그는 알페이오스 강가에서 아폴론 신을 만나고 난 뒤 더욱 뛰어난 예언자가 되었다.

필라코스의 소떼

멜람푸스의 형제 비아스는 넬레우스 왕의 딸 페로를 사랑하여 결혼하기를 원했다. 하지만 넬레우스는 비아스에게 테살리아 지방 필라카이의 왕 필라코스가 기르는 살찐 소떼를 선물로 가져와야 딸을 주겠노라고 했다. 비아스는 소떼를 훔쳐보려 했지만 절대로 잠들지 않는 무시무시한 개가 지키고 있어 뜻을 이룰 수 없었다. 비아스가 도움을 청하자 멜람푸스는 붙잡히게 될 줄을 알면서도 비아스가 소떼 훔치는 일을 도왔다. 결국 멜람푸스는 소를 훔치다 발각되어 1년 동안 감옥에 갇히는 신세가 되었다.

감옥에 갇힌 지 1년이 거의 다 되어갈 무렵 멜람푸스는 감옥 지붕에 있는 벌레들이 하는 이야기를 들었다. 그날 밤 감옥의 들보를 모두 갉아먹겠다는 것이었다. 멜람푸스는 간수에게 곧 감옥 지붕이 무너져 내릴 테니 다른 방으로 옮겨달라고 했다. 그리고 그날 밤 실제로 그가 있던 감옥의 지붕이 무너져 내렸다.

멜람푸스의 예언 능력에 감동 받은 필라코스 왕은 그에게 아들 이피클레스의 성 불구를 고쳐주면 소떼를 내주겠다고 약속했다. 그러자 멜람푸스는 소 두 마리를 잡아 제물로 바친 뒤 그 고기를 새들에게 대접했다. 고깃덩이에 마지막으로 날아온 늙은 독수리가 필라코스 왕이 예전에 이렇게 소를 잡아 제물로 바쳤던 일을 기억하고 있었다. 독수리는 그때 어린 왕자였던 이피클레스가 부왕이 커다란 칼로 피를 튀기며 소를 잡는 광경을 보고는 충격을 받아 성 불구가 되었다고 말해 주었다. 왕은 당시 피 묻은 칼을 아들이 보지 못하게 신성한 떡갈나무 밑에 감추어 두고는 이제껏 까맣게 잊고 있었다. 독수리는 멜람푸스에게 그 칼을 찾아내서 녹을 갈아낸 다음 그 가루를 포도주에 섞어 먹이면 이피클레스의 성 불구가 치료될 것이라고 했다. 실제로 그렇게 하자 성 불구가 치료되어 이피클레스는 두 아들 포다르케스와 프로테실라오스를 낳을 수 있었다. 멜람푸스는 약속대로 받은 소떼를 끌고 필로스로 돌아가서 넬레우스에게 건네고는 그의 딸 페로를 비아스에게 아내로 주었다.

광기 들린 아르고스 여인들

티린스의 왕 프로이토스의 딸들은 디오니소스(혹은 헤라) 숭배를 소홀히 한 죄로 광기에 빠지고 말았다. 프로이토스의 세 딸 이피노에, 이피아나사, 리시페는 자신을 암소라고 여기며 아르고스와 펠로폰네소스 전역을 휘젓고 다녔다. 멜람푸스는 프로이토스 왕을 찾아가 딸들의 광기를 없애줄 테니 왕국의 절반을 달라고 했다. 프로이토스는 멜람푸스의 제안을 일언지하에 거절하였다. 하지만 딸들은 점점 더 미쳐 날뛰었을뿐만 아니라 이제는 그녀들의 광기가 아르고스의 모든 여인들에게까지 전염되었다. 결국 프로이토스 왕은 멜람푸스에게 손을 내밀었다. 하지만 멜람푸스는 이제 왕국을 삼등분하여 자신과 비아스에게 각각 3분의 1씩 떼어달라고 했다. 왕은 그의 요구를 들어줄 수밖에 없었다.

멜람푸스는 광기에 사로잡힌 여자들을 뒤쫓아 펠로폰네소스 북쪽의 시키온까지 가서 그곳의 아르테미스 신전에서 여자들을 치료해 주었다. 하지만 세 딸 중 이피노에는 도중에 이미 죽어버렸고 나머지 두 딸 이피아나사와 리시페는 광기에서 벗어날 수 있었다.

아르고스의 왕이 된 멜람푸스

프로이토스 왕은 약속대로 왕국을 3분의 1씩 떼어 주었다. 아르고스의 왕이 된 멜람푸스는 이피아나사와 결혼하여 아바스, 만티오스, 안티파테스 등 세 아들을 낳았으며 그 뒤로 그의 집안은 그리스의 유명한 예언자 가문이 되었다.

핀다로스에 따르면 멜람푸스는 아르고스의 왕위에 오른 뒤부터 예언을 하지 않게 되었다고 한다.

아티카의 항구도시 아이고스테나에는 멜람푸스의 성소가 있었는데 그곳에서는 해마다 멜람푸스를 기리는 축제가 벌어졌다고 한다. 헤시오도스는 예언자 멜람푸스에게 바치는 시 〈멜람포디아〉도 지었다. 하지만 지금은 그 일부만 전해지고 있다.

멜레아그로스 Meleagros

요약

그리스 신화에 등장하는 영웅으로, 유명한 칼리돈의 멧돼지 사냥을 주최한 인물이다.

멧돼지의 가죽을 놓고 벌어진 다툼에서 외숙부들을 죽인 뒤 어머니의 저주를 받아 목숨을 잃었다.

기본정보

구분	영웅
외국어 표기	그리스어: Μελέαγρος
관련 동식물	멧돼지
관련 신화	칼리돈의 멧돼지 사냥

인물관계

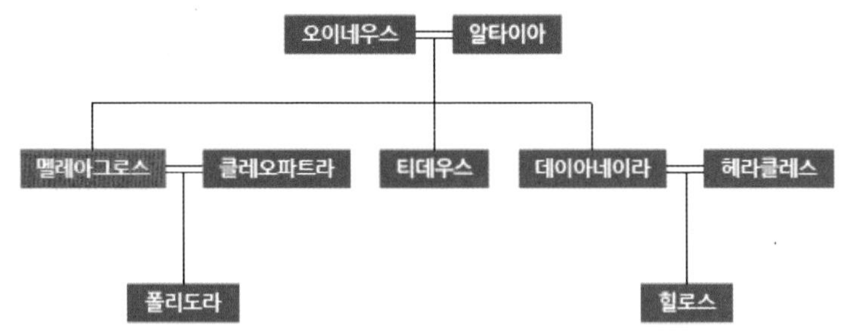

멜레아그로스는 칼리돈의 왕 오이네우스와 아이톨리아의 왕 테스티

오스의 딸 알타이아 사이에서 태어난 아들이며, 남자형제로 티데우스가 있고 여자형제로 나중에 헤라클레스의 아내가 되는 데이아네이라가 있다. 이다스의 딸 클레오파트라와 결혼하여 딸 폴리도라를 낳았다.

신화이야기

칼리돈의 멧돼지 사냥

멜레아그로스의 아버지인 칼리돈의 왕 오이네우스는 추수를 끝마친 다음 모든 신들에게 제물을 바치면서 그만 아르테미스 여신을 깜빡 잊고 말았다. 분노한 여신은 칼리돈에 엄청나게 큰 괴물 멧돼지를 보내 들판을 엉망으로 망가뜨리게 하였다. 왕의 아들 멜레아그로스는 멧돼지를 없애기 위해 그리스 전역에서 수많은 영웅들을 불러 모았다. 오이네우스는 멧돼지를 죽인 사람에게 그 가죽을 상으로 주겠다고 했다. 오이네우스의 집에서 9일 동안 성대한 향연이 벌어진 뒤 사냥이 시작되었다.

멜레아그로스
기원전 340년경에 제작된 그리스 동상의 로마 시대 모사품, 베를린 구(舊)박물관

힐레우스와 안카이오스 등이 겁없이 달려들다 멧돼지의 이빨에 희생되었고, 에우리티온은 펠레우스가 잘못 던진 창에 맞아 죽었다. 멧돼지에게 처음으로 상처를 입힌 사람은 처녀 사냥꾼 아탈란테였다. 그 다음으로 암피아라오스가 멧돼지의 눈에 화살을 명중시켰지만 멧돼지의 숨통을 끊은 것은 짐승의 허리에 칼

멜레아그로스와 아탈란테
줄리오 로마노(Giulio Romano), 1773년

을 꽂아 넣은 멜레아그로스였다. 멜레아그로스는 상으로 받은 멧돼지 가죽을 처음 상처를 입힌 아탈란테에게 주며 경의를 표했다. 그는 사냥하는 아탈란테의 모습에 반해 그녀를 흠모하고 있었던 것이다.

하지만 멜레아그로스의 이런 행동은 그렇지 않아도 여자가 사냥에 동참한 것을 못마땅해하던 그의 외숙부 플렉시포스와 톡세우스를 화나게 만들었다. 그들은 멜레아그로스가 가죽을 원치 않는다면 가장 가까운 친척인 자신들이 그것을 차지하는 게 마땅하다며 아탈란테에게서 가죽을 빼앗았다. 화가 머리 끝까지 난 멜레아그로스는 외숙부들을 칼로 찔러 죽이고 말았다. 동생들의 죽음을 전해들은 멜레아그로스의 어머니 알타이아는 아들에게 무서운 저주를 퍼부었다.

아이톨리아족과 쿠레테스족의 전쟁

그 후 멧돼지의 가죽을 놓고 사냥에 참가했던 아이톨리아족과 쿠레테스족 간에 싸움이 벌어졌다. 하지만 아이톨리아족 최고의 영웅인 멜레아그로스는 어머니의 저주에 상처받아 집안에만 틀어박혀 있을 뿐 전투에 참가하려 하지 않았다. 이에 기세가 오른 쿠레테스족은 승리를 거듭하였고 아이톨리아인들은 칼리돈 성에 포위당하는 신세가 되었다. 아이톨리아의 연장자들과 사제들이 찾아가 도움을 청했지만 멜레아그로스는 듣지 않았다. 나중에는 그의 부모와 누이들과 친구들까지 눈물을 흘리며 간청했지만 소용이 없었다. 결국 도시는 불길에 휩싸이며 적들에게 유린당하기 직전이 되었다. 그러자 아내 클레오파트라가 도시가 함락되고 난 뒤 자신과 아이톨리아인들이 맞게 될 운명을 한탄하였다. 그제서야 마음이 움직인 멜레아그로스는 무장을 갖추고 싸움터에 나갔다. 이후 전세가 뒤집혀 칼리돈은 위기에서 벗어날 수 있었지만 멜레아그로스는 이 전쟁에서 목숨을 잃고 말았다.

아궁이 속 장작과 운명이 연결된 멜레아그로스

아이스킬로스, 오비디우스 등이 전하는 멜레아그로스의 신화는 조금 다르다. 그에 따르면 멜레아그로스가 태어난 지 7일째 되던 날 운명의 여신 모이라이 자매가 그의 어머니 알타이아를 찾아왔다고 한다. 여신들은 그녀에게 아이의 운명이 아궁이에 타고 있는 장작에 연결되어 있으니 장작이 모두 타버리면 아이도 죽게 될 거라고 말했다. 이 말을 들은 알타이아는 얼른 장작불을 끈 다음 장작을 항아리에 담아 소중하게 보관하였다.

그 후로 멜레아그로스는 별탈 없이 잘 자라 건장한 청년이 되었고 아르테미스 여신이 들판에 풀어놓은 멧돼지 사냥에 나서게 되었다. 하지만 그는 멧돼지 사냥에서 자신을 모욕한 외숙부 두 명을 칼로 찔러 죽였고 이 소식을 들은 알타이아는 분을 참지 못하고 항아리 속에 보관해 두었던 장작을 불 속에 던져 버렸다. 곧 제정신이 든 알타이아는 자신이 무슨 짓을 저질렀는지 깨닫고는 스스로 목을 매어 죽었다.

오비디우스의 『변신이야기』에 따르면 사랑하는 동생과 어머니를 한꺼번에 잃은 멜레아그로스의 누이들은 슬피 울다 새(뿔닭)로 변했다고 한다.

멜로스 Melus

요약

그리스 신화에 등장하는 델로스 출신의 남자와 그의 아들이다.

아버지 멜로스는 키프로스 왕 키니라스의 아들 아도니스와 절친한 친구였는데 아도니스가 멧돼지에게 죽임을 당하자 슬픔을 참지 못하고 나무(사과나무)에 목을 맸다. 이 나무에는 멜로스라는 이름이 붙여졌다.

아들 멜로스는 나중에 델로스 섬에 멜로스라는 도시를 세웠다.

기본정보

구분	신화 속 인물
외국어 표기	그리스어: Μηλοσ
어원	사과, 사과나무, 양
관련 상징	사과나무, 양

인물관계

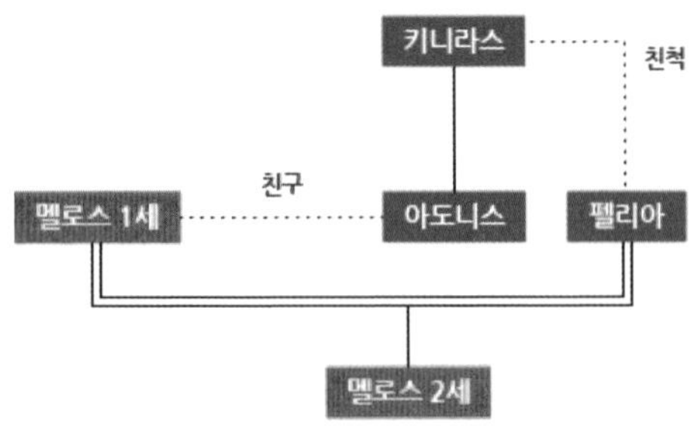

멜로스는 키니라스 왕의 아들 아도니스와 절친한 친구로 키니라스와 친척인 처녀 펠리아와 결혼하였다. 그는 펠리아가 낳은 아들에게 자신과 똑같은 이름을 붙여 주었다.

신화이야기

키프로스로 간 델로스의 청년

델로스 출신의 젊은이 멜로스는 고향을 떠나 키니라스 왕이 다스리는 키프로스 섬으로 갔다. 키니라스 왕에게는 아프로디테 여신의 총애를 받는 아도니스라는 아들이 있었는데 왕은 멜로스를 아도니스의 친구로 삼아 함께 지내게 하였다. 키니라스 왕은 멜로스에게 자신과 가까운 친척인 펠리아를 아내로 주었고 두 사람 사이에서는 곧 아들이 태어났다. 아이는 아버지와 똑같이 멜로스라고 불리었으며 아프로디테 여신의 신전에서 자랐다.

아도니스의 죽음과 사과나무로 변신한 멜로스

그런데 어느 날 아도니스가 사냥을 나갔다가 멧돼지의 어금니에 찔려 죽고 말았다. 친구의 갑작스런 죽음에 슬픔과 절망을 이기지 못한 멜로스는 나무에 목을 매고 죽었다. 그 뒤로 이 나무에는 '멜로스'라는 이름이 붙여졌다.(그리스어로 멜로스는 '사과나무'라는 뜻이다) 그러자 멜로스의 아내 펠리아도 남편을 따라 같은 나무에 목을 맸다. 아프로디테 여신은 이들을 불쌍히 여겨 멜로스는 사과나무로 변하게 하고 펠리아는 비둘기로 변하게 하였다.

멜로스 시의 건설자

아도니스가 죽은 뒤 키니라스에게는 더 이상 자식이 태어나지 않았고 멜로스와 펠리아의 아들 멜로스가 키니라스 가문의 유일한 자손이 되었다. 멜로스가 청년으로 성장하자 아프로디테 여신은 그에게 유능한 젊은이들을 이끌고 델로스 섬으로 가라고 명하였다. 여신의 명령에 따라 델로스로 간 멜로스는 그곳에 멜로스라는 이름의 도시를 건설하였다. 그는 그곳 주민들에게 양털을 깎아 옷을 만드는 법을 처음으로 가르쳐 주었는데, 양들에게는 그의 이름을 따서 '멜라'라는 이름이 붙여졌다.

멜리사 Melissa

요약

그리스 신화에 나오는 크레타 왕 멜리세우스의 딸로 이데 산의 님페이다.

레아 여신이 남편 크로노스의 손길을 피해 어린 제우스를 크레타의 이데 산에 숨겼을 때 제우스에게 젖과 꿀을 먹여 키워 주었다.

기본정보

구분	님페
외국어 표기	그리스어: Μελισσα
어원	꿀벌
관련 신화	제우스의 탄생, 데메테르
가족관계	멜리세우스의 딸, 아말테이아의 자매

인물관계

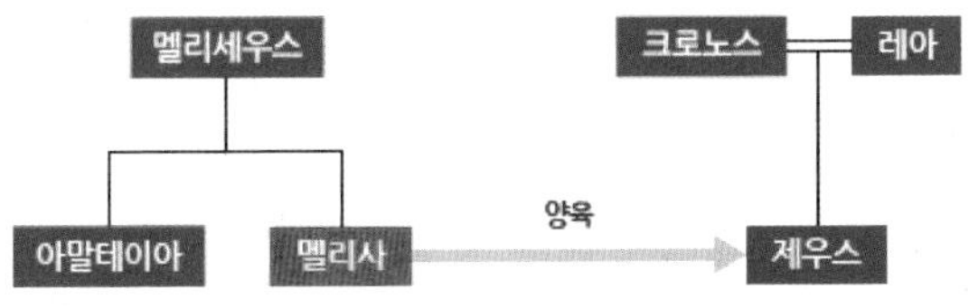

멜리사는 크레타 섬의 왕이자 벌꿀의 정령인 멜리세우스의 딸로 아말테이아와 자매지간이다. 멜리사와 아말테이아는 어린 제우스를 키운 유모들이기도 하다. 하지만 어린 제우스를 키운 멜리세우스의 두

딸은 아드라스테이아와 이데이고, 아말테이아와 멜리사는 각각 염소와 꿀벌을 뜻한다는 이야기도 있다.

신화 이야기

제우스의 탄생

티탄 신족의 우두머리 크로노스는 언젠가 자신이 낳은 자식에 의해 왕좌에서 쫓겨날 운명이라고 했다. 그래서 그는 아내 레아가 임신을 하면 잘 주시하고 있다가 자식을 낳는대로 곧바로 집어삼켰다. 그렇게 크로노스는 레아가 낳은 모든 자식들을 잡아먹었다.

연이어 자식을 잃은 레아는 커다란 슬픔에 잠겼다. 또 다시 아이를 낳게 되었을 때 그녀는 어머니 가이아에게 도움을 청했고 가이아는 크레타 섬의 동굴에 아이를 감춰 주었다. 가이아의 도움으로 아이를

제우스의 양육
니콜라 푸생(Nicolas Poussin), 1638년, 덜위치 미술관

빼돌린 레아는 대신 돌덩이를 강보에 싸서 크로노스에게 건네 주었고 크로노스는 만족스럽게 그것을 집어삼켰다.

꿀벌이 된 멜리사

레아는 어린 제우스를 크레타 섬의 이데 산에 숨기고 멜리세우스의 딸들인 이데 산의 님페 멜리사와 아말테이아에게 기르게 하였다. 멜리사는 어린 제우스에게 꿀벌들의 꿀과 염소의 젖을 먹여 키웠다.

멜리사의 소행을 알게 된 크로노스는 그녀를 지렁이로 만들어버렸는데 나중에 크로노스를 물리치고 신들의 제왕이 된 제우스가 멜리사를 다시 아름다운 꿀벌로 변신시켜 주었다고 한다.

데메테르의 여사제

그리스 신화에는 그밖에도 멜리사라는 이름을 쓰는 데메테르의 늙은 여사제에 관한 이야기도 전해진다.

멜리사는 데메테르 여신의 총애를 받아 여신으로부터 직접 신비의식을 전수받았다. 하지만 신비의식에서 경험한 일들을 한사코 함구하는 바람에 다른 여인들의 미움을 사 그녀들에 의해 갈가리 찢겨져 죽였다. 분노한 데메테르는 그녀들에게 역병을 내리고 멜리사의 시신에서는 꿀벌이 태어나게 했다. 그 후로 데메테르의 사제들은 멜리사 즉 꿀벌이라고 불리었다.

멜리세우스 Melisseus

요약

그리스 신화에 나오는 크레타의 왕이자 벌꿀과 양봉의 정령이다.

레아 여신이 남편 크로노스의 손길을 피해 어린 제우스를 크레타의 이데 산에 숨겼을 때 그의 두 딸이 젖과 꿀을 먹여 제우스를 키워 주었다.

기본정보

구분	크레타의 왕
상징	벌꿀, 양봉
외국어 표기	그리스어: Μελισσεύς
어원	꿀벌 사나이
관련 상징	벌, 꿀, 청동 방패와 창
관련 신화	제우스 탄생, 쿠레테스
가족관계	콤베의 아들, 아드라스테이아의 아버지, 이데의 아버지, 아말테이아의 아버지, 멜리사의 아버지

인물관계

멜리세우스는 강의 신 아소포스의 딸 콤베(혹은 칼키스)와 소코스 사이에서 태어난 일곱 명의 쿠레테스 형제 중 맏이이며, 이데 산의 님페 아드라스테이아와 이데(혹은 아말테이아와 멜리사) 자매가 그의 딸이라고 한다.

콤베와 소코스의 자식인 쿠레테스 칠형제는 멜리세우스, 프림네우스, 미마스, 아크몬, 담네우스, 오키토오스, 이다이오스이다. 하지만 쿠레테스의 혈통에 관해서는 그밖에도 많은 이야기가 있다.

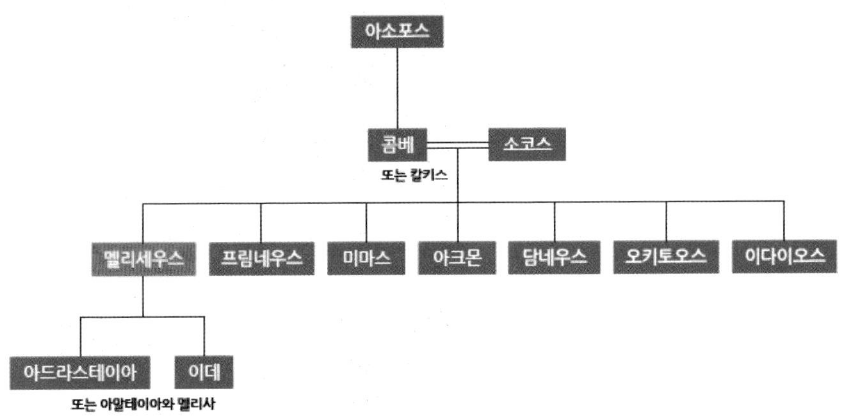

신화이야기

제우스의 탄생

멜리세우스는 제우스가 탄생할 무렵 크레타 섬을 다스리던 왕이다. 그는 또한 벌꿀과 양봉의 정령이기도 하다. 그의 두 딸 아드라스테이아와 이데(혹은 아말테이아와 멜리사)는 이데 산의 님페로 어린 제우스를 기른 유모들이다.

레아는 아이를 낳는 족족 남편 크로노스가 삼켜버리자 막내인 제우스를 낳은 뒤에는 돌덩어리를 강보에 싸서 남편에게 내주고 몰래 아기를 빼돌렸다.(크로노스는 제 자식에 의해 권좌에서 쫓겨나리라는 예언이 두려워 아내 레아가 낳은 자기 자식들을 모두 먹어치웠다. '레아' 참조) 레아는 어린 아들 제우스를 크레타 섬의 이데 산 동굴에 숨겨두고 멜리세우스의 딸들인 이데 산의 님페 아드라스테이아와 이데에게 기르게 하였다. 아드라스테이아와 이데 자매는 어린 제우스에게 아말테이아라는 이름의 염소에게서 짠 젖과 벌꿀을 먹여 키웠으며, 아기의 울음소리가 행여 크로노스의 귀에 들어가지 않도록 크레타 섬의 정령들인 쿠레테스를 시켜 동굴 입구에서 창으로 방패를 두드리며 춤을 추게 하였다.

제우스를 보호하는 쿠레테스
노엘 쿠아펠(Noel Coypel), 1701~1705년경
베르사유궁

쿠레테스

일설에 따르면 멜리세우스는 제우스의 동굴을 지킨 쿠레테스 중 한 명이었다. 쿠레테스는 강의 신 아소포스의 딸인 님페 콤베(혹은 칼키스)가 그리스 동부 에우보이아 섬의 신 소코스와 결합하여 낳은 일곱 명의 아들인데, 어머니 콤베와 함께 아버지의 섬에서 쫓겨나 크레타 섬으로 왔다고 한다.

최초의 제사

그밖에도 멜리세우스는 신들에게 제물을 바친 최초의 인간으로 간주되기도 한다. 신들의 영광을 드높이기 위해 제사를 지내고 희생제물을 바치는 풍습이 그에게서 시작되었다는 것이다. 그는 딸 멜리사를 레아 여신을 모시는 최초의 여사제로 만들었다고도 한다.

멜리아 Melia, 이나코스의 아내

요약

아르고스 지방에 있는 이나코스 강의 신이자 아르고스의 첫 번째 왕 이나코스의 아내이다.

제우스의 사랑을 받아 암소로 변한 이오의 어머니이기도 하다.

기본정보

구분	님페
외국어 표기	그리스어: Μελια
관련 신화	이나코스, 포로네우스, 이오
가족관계	오케아노스의 딸, 이나코스의 아내, 이오의 어머니, 포로네우스의 어머니

인물관계

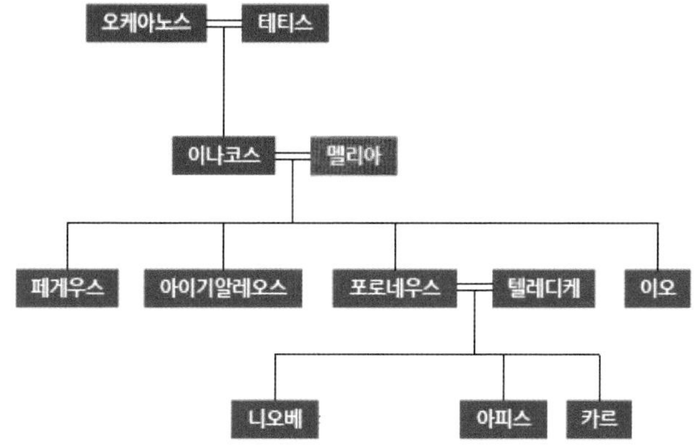

대양의 신 오케아노스의 딸로서 배다른 남매인 이나코스와의 사이에 포로네우스, 아이기알레오스, 페게우스 그리고 딸 이오를 낳았다.

신화이야기

부모와 남편

멜리아는 아르고스 지방에 흐르는 이나코스 강의 신이자 아르고스의 첫 번째 왕인 이나코스의 아내이다. 멜리아의 아버지는 대양의 신 오케아노스이고 남편 이나코스는 대양의 신 오케아노스와 테티스 사이에 태어난 배다른 남매이다. 그녀는 이나코스와 사이에 포로네우스, 아이기알레오스, 페게우스 그리고 딸 이오를 낳는다.

멜리아의 아들 포로네우스

아들 아이기알레오스가 후사를 남기지 못하고 죽고, 다른 아들 포로네우스가 아버지로부터 통치권을 물려받아 아르고스를 다스리면서 그 지방을 자신의 이름을 따 포로네이아라고 불렀다.

아르고스 사람들에게 멜리아의 아들 포로네우스는 최초로 불을 발명한 인간으로 알려져 있었다. 아르고스 사람들은 인간이 불을 사용하게 된 것은 프로메테우스가 인간을 위해 불을 훔쳤기 때문이 아니라 포로네우스가 불을 발명했기 때문이라고 믿었다.(파우사니아스 『그리스 안내』) 아르고스 사람들은 불의 발명자 포로네우스를 기념하기 위해 늘 불을 피워놓고 있었다.

포로네우스는 아르고스 지방의 전설에서 대개의 경우 '최초의 인간'으로 등장하지만 간혹 아버지 이나코스와 같이 강의 신으로 등장하기도 한다. 이나코스 강을 비롯하여 아르고스에 있는 강들은 장마철 외에는 늘 물이 부족한데 이는 포세이돈의 분노 때문이라고 한다. 『그리스 안내』에 의하면 포세이돈과 헤라가 서로 아르고스 지역에 대한 소유권을 주장하며 다툼이 일어나는데 아르고스의 첫 번째 왕 이나코스를 비롯한 강의 신들이 헤라의 소유권을 선언한다. 이에 분노한 포세이돈이 아르고스 지역에 있는 강들의 물을 모두 빼서 아르고스 지방에 가뭄이 들게 한다. 이때부터 이나코스 강을 비롯한 아르고스 지역에 있는 강들은 늘 메말라 있다고 한다. 이때 결정에 참가한 강의 신들 중 하나가 멜리아의 아들 포로네우스라고 전해진다.

멜리아의 딸 이오

제우스에게 사랑을 받았다는 이유로 아마도 멜리아의 딸 이오만큼 헤라로부터 학대를 받은 여자도 없을 것이다. 『비블리오테케』에 의하면 이오는 원래는 헤라를 모시는 여사제였다고 한다.

제우스는 강의 신 이나코스의 아름다운 딸 이오가 강에서 돌아오는 모습을 보고 첫눈에 반해 도망가는 이오를 붙잡아 그녀의 순결을 빼앗았다. 제우스는 아내 헤라의 눈을 피하기 위해 온통 먹구름으로 주위를 덮고 이오와 사랑을 나누고는, 그래도 혹시나 헤라가 눈치 챌까 이오를 하얀 암소로 변하게 한다. 헤라가 상황을 눈치 채고 암소를 선물로 달라고 하자 제우스는 결국 선물로 준다. 이에 헤라는 눈이 백 개 있는 아르고스에게 암소를 감시하게 한다. 오비디우스에 의하면 아르고스는 돌아가며 한 번에 두 개의 눈만 감은 채 자고 나머지 눈은 뜨고 있기 때문에 암소가 된 이오의 모든 행동은 아르고스의 눈에서 벗어날 수가 없었다.

그러던 어느 날 이오는 아버지 이나코스에게 발굽으로 바닥에 글을 써서 암소로 변하게 된 사연을 알려 준다. 사랑하는 딸의 행복한 결혼과 귀여운 손자를 고대하던 이나코스는 딸의 불행에 애통해하며 자신이 불멸의 존재인 신이라는 사실에 절망하였다.

> "이렇게 큰 슬픔 앞에서 죽지도 못하다니, 내가 신이라는 사실이 괴롭기만 하구나. 죽음의 문이 나에게는 닫혀 있어 나의 아픔은 영원토록 계속되겠구나." (오비디우스, 『변신이야기』)

그러나 이렇게 마음을 아프게 한 딸 이오를 통해 이나코스와 그의 아내 멜리아는 후손으로 명문가의 조상들을 두게 된다.

멜리아의 후손들

멜리아와 이나코스의 딸 이오의 고난으로 맺어진 결실이 바로 에파포스인데 이후 에파포스의 후손들은 그리스뿐만 아니라 페르시아, 아프리카에 있는 많은 왕가의 시조들을 낳았고 뛰어난 영웅들도 배출한다. 메두사의 목을 벤 페르세우스와 불세출의 뛰어난 영웅 헤라클레스도 멜리아의 딸 이오의 자손들이다.

또 다른 멜리아

1) 사티로스들의 우두머리 실레노스의 연인도 멜리아이다. 그녀는 라코니아 지방에 사는 님페인데 실레노스와 사이에서 상반신은 사람이고 하반신은 말인 켄타우로스 폴로스를 낳는다.

2) 오케아노스의 딸 중 또 한 명의 멜리아가 있다. 그녀는 아폴론 신과의 사이에서 이스메노스와 테네로스를 낳는다.

멜리아데스 Meliades

요약

그리스 신화에 등장하는 물푸레나무의 님페로서 일반적으로 나무의 님페인 드리아데스의 일족으로 간주된다.

크로노스에 의해 거세된 우라노스가 흘린 핏방울에서 생겨난 멜리아데스는 피비린내 나는 죽음을 상징하는데, 이는 물푸레나무가 전쟁에 쓰이는 창을 만드는 재료로 사용되었다는 사실과 관련이 있다.

기본정보

구분	님페
상징	죽음, 폭력, 인류의 기원
외국어 표기	그리스어: Μελιάδες, 혹은 Μελίαι. 단수형: 멜리아스(Μελιά)
어원	물푸레나무
별칭	멜리아스(Meliads)
가족관계	가이아의 딸, 우라노스의 딸, 기간테스의 남매, 에리니에스의 자매

인물관계

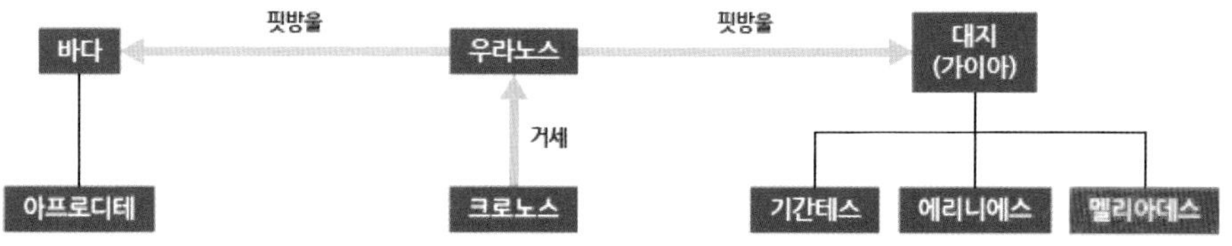

멜리아데스는 우라노스가 아들 크로노스의 낫에 성기가 잘렸을 때 흘린 피가 대지 가이아에게 잉태되어 태어났다.

신화이야기

멜리아데스(혹은 멜리아이)는 물푸레나무에 깃들어 사는 님페다. 그리스어 '멜리아(melia)'는 물푸레나무라는 뜻이다.

탄생

크로노스가 아버지 우라노스를 거세하자 잘린 생식기에서 흘러나온 피가 대지를 적셨다. 크로노스는 우라노스의 생식기를 바다에 던졌는데 거기서 미의 여신 아프로디테가 탄생하였다. 우라노스의 핏방울을 받은 대지의 여신 가이아는 거칠고 폭력적인 거인족 기간테스와 복수의 여신 에리니에스, 그리고 물푸레나무의 님페 멜리아데스를 낳았다.

죽음과 폭력의 상징

멜리아데스는 피비린내 나는 죽음을 상징하는데 그 이유는 물푸레나무가 치명적인 창을 만드는 재료로 쓰였기 때문이다. 이 지상에 세 번째로 존재한 인류인 거칠고 호전적이고 폭력적인 청동 종족이 물푸레나무로 만들어졌다는 헤시오도스의 『일과 날』에 언급된 신화도 같은 맥락이라 할 수 있다. 인류가 물푸레나무에서 창조되었다는 이야기는 여러 고대 신화에서 찾아볼 수 있다.

드리아데스

멜리아데스는 나무의 님페로서 드리아데스 혹은 하마드리아데스의 일족으로 여겨지기도 하였다.

드리아데스는 나무의 님페 그 중에서도 특히 떡갈나무의 님페를 이르는 말이었다. 하지만 드리아데스는 점차 모든 나무의 님페들을 가리키는 개념이 되었다.

그리스 신화에서 드리아데스는 숲 속의 다른 님페들과 마찬가지로 주로 처녀신 아르테미스를 따라다니며 함께 사냥을 즐기는 아름다운 여성으로 묘사된다. 드리아데스는 오래 살기는 하였으나 불사신은 아니었다. 예를 들면 독사에 물려 죽은 오르페우스의 아내 에우리디케도 드리아데스(혹은 물의 님페 나이아데스)의 하나였다.

그리스 신화에서 드리아데스는 시간이 지나면서 나무와 직접적인 관련성이 점차 희미해졌다. 하지만 드리아데스의 또 다른 일족인 하마드리아데스는 특정한 나무에 결합된 존재로 나무와 함께 태어나서 나무가 죽으면 함께 소멸된다고 여겨졌다. 그래서 나무를 함부로 베어낸 사람은 그 나무에 깃든 하마드리아스를 해친 것으로 간주되어 신들에게 벌을 받기도 했다.

멜리케르테스 Melicertes

요약

그리스 신화에 나오는 이노와 아타마스 왕의 아들이다.

헤라 여신에 의해 실성한 부모 탓에 어린 나이에 목숨을 잃는다. 하지만 이를 불쌍히 여긴 신들에 의해 바다의 신 팔라이몬이 되었다.

코린토스에서는 2년마다 멜리케르테스를 기리는 이스트미아 제전이 열렸다.

기본정보

구분	왕자
외국어 표기	그리스어: Μελικέρτης
별칭	팔라이몬(Palaemon)
관련 동식물	돌고래
관련 신화	디오니소스 숭배, 이스트미아 제전

인물관계

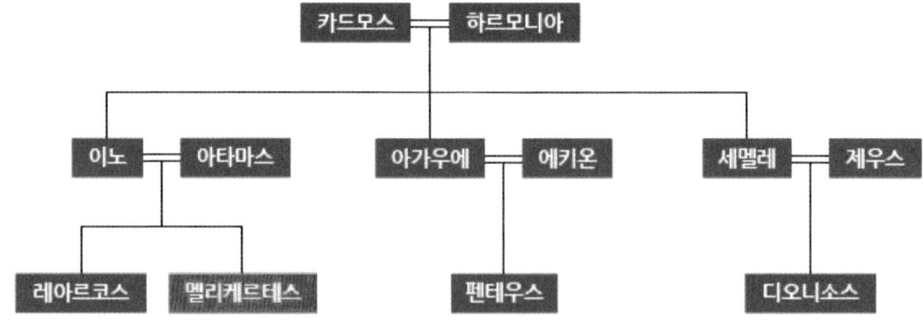

멜리케르테스는 오르코메노스의 왕 아타마스와 이노 사이에서 태어난 아들로 디오니소스와 같은 젖을 먹고 자랐다고 한다. 멜리케르테스의 어머니 이노는 테바이의 건설자 카드모스와 화합의 여신 하르모니아 사이에서 난 딸로, 디오니소스의 어머니 세멜레 등과 자매지간이다.

신화이야기

헤라 여신의 미움을 산 이노와 아타마스

이노는 카드모스와 하르모니아의 딸로 디오니소스의 어머니 세멜레와는 자매지간이다. 세멜레가 디오니소스를 임신했을 때 유모 베로에로 변신한 헤라 여신의 꼬임에 빠져, 아이의 아버지인 제우스에게 본모습을 보여달라고 했다가 그의 몸에서 뿜어져 나오는 강력한 빛을 견디지 못하고 불타 죽었다. 그러자 제우스는 재빨리 세멜레의 몸에서 디오니소스를 꺼내 자기 넓적다리 속에 넣었고, 디오니소스는 아비의 넓적다리 안에서 남은 산달을 채우고 세상에 나왔다.

이노와 멜리케르테스
피에르 그래니어(Pierre Granier), 베르사유공원

제우스는 질투와 복수심에 불타는 헤라의 눈을 피해 어린 디오니소스를 여자아이로 꾸민 뒤 세멜레의 자매인 이노와 그녀의 남편 아타마스 왕에게 맡겨 기르게 하였다.

원래 이노는 디오니소스가 제우스의 아들이라는 사실을 믿으려 하지 않았으나 헤르메스의 말을 듣고 나서 어린 조카를 데려다 친자식들인 레아르코스, 멜리케르테스 형제와 함께 자신의 젖을 먹여 키웠다. 하지만 헤라는 결국 이 사실을 알게 되고 이노와 아타마스는 분노한 헤라에게 무서운 보복을 당하게 된다.

복수의 여신 티시포네의 독에 의해 실성한 이노와 아타마스

헤라는 자신을 속인 이노와 아타마스를 미치광이로 만들어 버리기로 작정하였다. 그녀는 저승으로 내려가 복수의 여신 에리니에스 중 하나인 티시포네에게 그 일을 맡겼다.

> "인정사정없는 티시포네는 지체 없이 피에 담갔던 횃불을 집어들고
> 핏방울이 뚝뚝 듣는 붉은 외투를 걸치고
> 몸부림치는 뱀을 허리띠로 두르더니 집을 나섰다.
> 슬픔과 두려움과 공포와
> 불안한 얼굴의 광기가 그녀와 동행했다." (오비디우스, 『변신이야기』)

티시포네는 뱀떼로 이루어진 머리털에서 뱀 두 마리를 뽑아 이노와 아타마스에게 던져서 깨물게 하였다. 그런 다음 케르베로스의 침과 에키드나의 독을 신선한 피와 섞어서 만든 "막연한 환각과 마음을 눈멀게 하는 망각과 범죄와 눈물과 광란과 살육에 대한 욕망"을 불러일으키는 독액을 두 사람의 가슴에 뿌렸다.

멜리케르테스의 죽음

광기에 사로잡힌 아타마스는 아들 레아르코스를 사슴으로 여기고는 사냥용 창을 던져서 죽였다.(혹은 어린 사자로 여겨 뒷다리를 잡아 빙빙 돌리다 바위에 패대기를 쳐서 죽였다) 이노의 광기는 더욱 끔찍했다. 그녀

레아르코스를 죽이는 실성한 아타마스와 바다로 몸을 던지는 이노와 멜리케르테스
1606년, 이탈리아에서 출간된 오비디우스의 『변신이야기』 수록 삽화

는 막내아들 멜리케르테스를 물이 펄펄 끓는 가마솥에 넣어 튀겨버린 것이다. 정신이 든 이노는 아들의 시체를 끌어안고 바닷물에 몸을 던졌다.

멜리케르테스의 죽음에 관해서는 또 다른 이야기가 전해진다. 그에 따르면 헤라에 의해 미치광이가 된 이노는 집을 뛰쳐나가 파르나소스 산에서 디오니소스를 추종하는 마이나데스가 되어 살고 있었다. 아타마스는 이노가 어디론가 사라져 나타나지 않자 죽었다고 생각하여 힙세우스의 딸 테미스토와 재혼하였고, 두 사람 사이에는 아들 오르코메노스와 스핑기오스도 태어났다. 그런데 얼마 후 이노가 광기에서 회복되어 다시 아타마스의 궁으로 돌아왔다. 불안해진 테미스토는 이노의 아들 레아르코스와 멜리케르테스를 죽이려 했다. 그녀는 유모에게 명하여 자기 자식들에게는 흰 옷을 입히고 이노의 자식들에게는 검은 옷을 입히게 하였다. 어둠 속에서 아이들을 죽일 때 혼동하지 않으려는 것이었다. 하지만 이노는 테미스토의 음모를 알아채고 아이들의 옷을 바꿔치기하여 테미스토로 하여금 자기 자식들을 죽이게 만들었다. 자신의 실수를 깨달은 테미스토는 스스로 목숨을 끊었다. 이에 분노한 아타마스는 레아르코스를 죽이고 이노와 멜리케르테스는 바다에 던져버렸다.

바다의 신이 된 이노와 멜리케르테스

천상에서 이를 지켜보던 아프로디테가 모자의 운명을 불쌍히 여겨 포세이돈에게 이들을 바다의 신으로 만들어달라고 부탁하였다. 이노의 어머니 하르모니아는 아프로디테 여신이 군신 아레스와 사이에서 낳은 딸이었던 것이다. 포세이돈은 미의 여신 아프로디테의 간청을 들어 주었다. 그리하여 이노는 하얀 물보라의 여신 레우코테아가 되었고 어린 아들 멜리케르테스는 돌고래를 타고 다니는 어린 바다의 신 팔라이몬이 되었다. 레우코테아와 팔라이몬은 폭풍 속을 항해하는 배를 인도하는 선원들의 수호신으로 숭배되었다. 팔라이몬은 로마 신화의 포르투누스와 동일시된다.

코린토스에서는 팔라이몬을 기리는 이스트미아 제전도 열렸다고 한다. 이 제전이 열리게 된 유래는 다음과 같다.

이노와 멜리케르테스가 몸을 던진 메가라와 코린토스 인근 해안에서 돌고래 한 마리가 멜리케르테스의 시신을 건져다 소나무에 걸어놓았다. 당시 코린토스를 다스리고 있던 시시포스가 이를 발견하고는 거두어다 장례를 치러주었다. 시시포스는 아타마스와 형제지간이므로 멜리케르테스의 숙부가 된다. 시시포스는 멜리케르테스에게 팔라이몬이라는 이름을 붙이고 신으로 예우를 하였으며 그를 기리는 장례 경기로 이스트미아 제전을 창설하였다고 한다.

멜포메네 Melpomene

요약

그리스 신화에 나오는 무사이(뮤즈) 중 한 명으로 비극을 관장하는 여신이다. '멜포메네'는 노래하는 여인을 뜻한다.

대개 머리에 포도나무 넝쿨로 엮은 관을 쓰고 손에는 찡그린 표정의 가면과 단검 혹은 곤봉을 들고 있는 비극 배우의 모습으로 표현된다.

멜포메네
비르길 졸리스(Virgil Solis), 16세기
오비디우스의 『변신이야기』 삽화

기본정보

구분	무사이
상징	비극
외국어 표기	그리스어: Μελπομένη
어원	노래하다
관련 상징물	가면, 검, 곤봉
관련 신화	세이레네스
가족관계	제우스의 딸, 므네모시네의 딸

인물관계

멜포메네는 우라노스와 가이아의 딸인 티탄 신족 므네모시네가 제우스와 결합하여 낳은 아홉 명의 무사이 자매 중 한 명이다.

상반신은 여자이고 하반신은 새의 모습인 괴물 세이레네스가 멜포메네와 강의 신 아켈로스 사이에서 낳은 자식들이라고 한다. 세이레네스는 아켈로스와 플레이아데스 중 한 명인 스테로페 사이에서 난 자식들이라고도 한다.

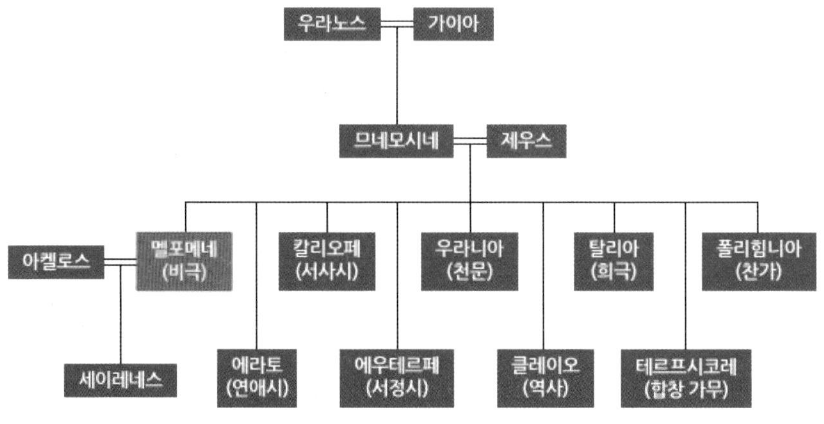

신화이야기

비극의 무사

멜포메네는 그리스 신화에 나오는 무사이의 하나로 비극을 맡고 있는 여신이다. '멜포메네'라는 이름은 '노래 부르는 여인'이라는 뜻이다. 멜포메네는 처음에는 합창의 무사였다가 차츰 비극을 담당하는 무사가 되었다.

멜포메네는 인간들이 겪는 숱한 불행과 고통을 곁에서 지켜보며 노래를 통해 그들에게 새로운 힘을 불어 넣고 마침내 그들이 운명을 극복하고 승리하도록 도와준다. 그래서 멜포메네는 인생의 격랑 속에서 고뇌하는 인간들을 위한 안내자로 칭송받았다.

연극의 상징

멜포메네
2세기, 이탈리아 몬테칼보에서 출토된 로마 시대 석상

멜포메네는 머리에 디오니소스를 상징하는 포도나무 넝쿨로 엮은 관을 쓰고 있으며, 고대 그리스의 비극 배우가 신던 반장화와 벨트를 높이 맨 긴 치마 차림이다. 그녀는 한쪽 손에는 비극적인 표정을 짓고 있는 가면을 들고 다른 손에는 운명의 타격을 상징하는 곤봉 또는 단검을 들고 있다.

멜포메네의 찡그린(혹은 울고 있는) 가면과 그녀의 자매인 탈리아가 들고 있는 웃고 있는 가면은 연극 혹은 극예술 일반을 상징한다.

세이레네스

바닷가 외딴 섬에 살면서 매혹적인 노래를 불러 근처를 지나는 배들을 좌초시키던 상반신은 여자이고 하반신은 새의 모습을 한 마녀 세이레네스는 멜포메네가 강의 신 아켈로스와 사이에서 낳은 자식들이라고 한다.

세이레네스는 트로이 전쟁을 끝내고 귀향하는 오디세우스를 유혹하는 데 실패한 뒤 분을 이기지 못하고 바다에 뛰어들어 스스로 목숨을 끊었다.('세이레네스' 참조)

무사이 여신

멜포메네는 아홉 명의 무사이 자매 중 한 명이다. '무사이'는 '무사(뮤즈)'의 복수형으로 아홉 자매를 통칭할 때 쓰는 표현이다.

무사이는 기억의 여신 므네모시네와 제우스 사이에서 난 딸들인데, 므네모시네는 올림포스 산 동쪽 피에리아에서 제우스와 9일 밤낮을 관계를 맺어 이들을 낳았다고 한다. 아홉 명의 무사이는 음악, 미술, 문학, 철학, 역사 등 광범위한 지적 활동을 관장하는 여신들로 시인, 음악가, 미술가 등에게 영감을 불어넣는 역할을 했다.

헤시오도스와 무사(멜포메네)
귀스타브 모로(Gustave Moreau), 1891년, 오르세 미술관

처음에 무사이는 멜레테('수행'), 므네메('기억'), 아오이데('노래') 세 명이었는데, 헤시오도스가 이들을 아홉 명으로 언급한 뒤로 이들 자매의 수는 아홉 명으로 굳어졌다. 후대로 가면서 이들이 관장하는 영역도 구체적으로 지정되었다.

아홉 명의 무사
왼쪽부터 클레이오, 탈리아, 에라토, 에우테르페, 폴리힘니아, 칼리오페, 테르프시코레, 우라니아, 멜포메네
루브르 박물관의 석관 부조를 모사한 삽화, 마이어백과사전, 1888년

멜포메네는 비극, 에라토는 연애시, 칼리오페는 서사시, 클레이오는 역사, 에우테르페는 서정시, 테르프시코레는 합창가무, 우라니아는 천문, 폴리힘니아는 찬가, 탈리아는 연극을 각각 담당한다.

무사이는 음악과 예언의 신으로서 그녀들의 지도자 격인 아폴론 신과 함께 묘사될 때가 많으며, 올림포스에서 열리는 신들의 연회에서 우미의 세 여신 카리테스, 계절의 여신 호라이 등과 함께 춤을 추기도 한다.

아폴론과 멜포메네
스타니슬라브 비스피안스키(Stanisław Wyspianski)

멤논 Memnon

요약

그리스 신화에 나오는 에티오피아의 왕이자 트로이 전쟁의 영웅으로, 새벽의 여신 에오스의 아들이다.

트로이군을 도와 혁혁한 공을 세우지만 아킬레우스와의 일전에서 패해 죽음을 맞는다.

기본정보

구분	영웅
외국어 표기	그리스어: Μέμνων
관련 자연현상	아침 이슬
관련 동식물	매
관련 신화	트로이 전쟁, 새벽의 여신 에오스

인물관계

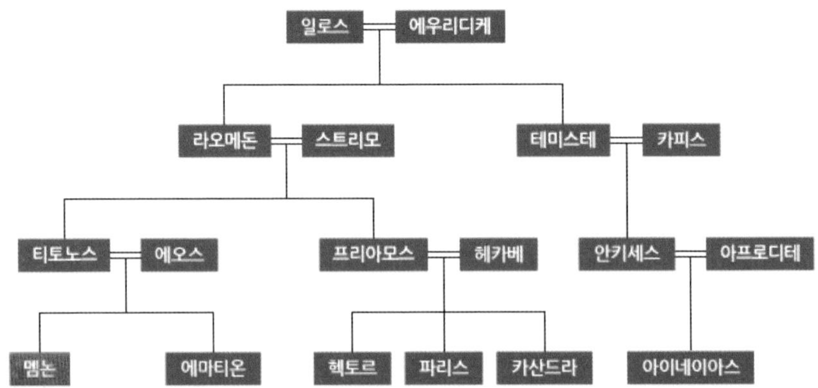

멤논은 새벽의 여신 에오스가 트로이의 왕자 티토노스와 결혼하여 낳은 아들이다. 티토노스는 라오메돈의 아들이며 트로이의 왕 프리아모스와는 형제 사이이므로 멤논은 프리아모스의 조카가 된다.

신화이야기

멤논의 탄생

멤논은 새벽의 여신 에오스와 트로이의 왕자 티토노스 사이에서 난 아들이다. 에오스는 아름다운 청년 티토노스에게 반하여 그를 유혹하여 에티오피아에 있는 자신의 궁으로 데려가서 결혼하고 멤논을 낳았다. 에오스는 인간인 티토노스와 영원한 사랑의 기쁨을 누리기 위해 제우스에게 티토노스를 불사의 몸으로 만들어 달라고 빌었다. 하지만 이때 영원한 젊음도 함께 달라는 것을 잊는 바람에 티토노스는 죽지는 않고 계속 늙어가기만 하다가 이를 불쌍히 여긴 제우스에 의해 매미로 변했다.

에티오피아의 왕이 된 멤논

이때 에오스와 티토노스 사이에서는 멤논 외에 에마티온도 태어났는데 이들 두 형제는 모두 피부가 검은색이었다. 어릴 때 새벽의 여신인 어머니와 함께 매일 태양의 신 곁에서 전차를 타고 하늘을 날았기 때문이다. 나중에 멤논과 에마티온은 세상에서 가장 더운 곳으로 가서 멤논은 에티오피아의 왕, 에마티온은 이집트의 왕이 되었다.

다른 이야기에 따르면 형 에마티온이 먼저 에티오피아의 왕이 되었는데 에마티온이 헤라클레스가 황금사과를 따지 못하게 막다가 그에게 몽둥이로 맞아 죽은 뒤 멤논이 그 뒤를 이어 에티오피아의 왕위에 올랐다고 한다.

에티오피아의 왕이 된 멤논은 페르시아로 원정을 가서 그곳의 도시 수사를 점령하고 다스렸다고 한다.

아킬레우스와의 일전

트로이 전쟁이 일어나자 멤논은 에티오피아의 군대를 이끌고 숙부 프리아모스 왕을 돕기 위해 트로이로 향했다. 헤파이스토스가 만들어 준 갑옷을 입은 멤논은 싸움터에서 뛰어난 무공을 발휘하여 에레우토스, 페론 등 많은 그리스 장수들을 무찔렀다. 그중에는 안틸로코스도 있었는데 그는 아버지 네스토르를 보호하려다가 멤논의 칼에 죽고 말았다.

멤논과 에티오피아 병사들
아티카 흑색상도기, 기원전 510년
뮌헨 국립고대미술관

아들의 죽음을 본 노장 네스토르가 멤논에게 일전을 청했지만 멤논은 이미 팔다리에 힘이 빠진 노인과의 싸움을 정중히 거절하였다. 그러자 네스토르는 아킬레우스에게 멤논과 상대해 줄 것을 청했고 두 영웅은 일대일로 맞붙게 되었다.

멤논과 아킬레우스는 둘 다 대장장이 신 헤파이스토스가 만들어 준 갑옷으로 무장하였고 여신의 아들이었다. 두 여신은 제우스에게 날아가 각자 아들의 목숨을 빌었고 제우스는 운명의 저울을 꺼내 둘의 싸움이 어떻게 끝날지 알아보았다. 운명의 저울은 곧 한 쪽으로 기울었고 아킬레우스의 칼은 멤논의 가슴을 뚫었다.

멤논의 장례식과 멤노니데스

하늘에서 아들의 죽음을 지켜본 에오스는 한숨을 내쉬며 제 몸을

죽은 멤논의 시체를 안고 있는 에오스. 일명 멤논 피에타
아티카 적색상도기, 기원전 490년경, 루브르 박물관

구름으로 감싸 세상을 어둠으로 뒤덮었다. 그러고는 적들에 의해 유린당하고 있는 아들의 시체를 싸움터에서 빼내어 에티오피아로 데려가 눈물 속에서 장례를 치렀다.

아침마다 대지를 적시는 이슬은 에오스가 아들의 죽음을 슬퍼하며 흘리는 눈물이라고 한다.

에오스의 비통한 눈물은 제우스의 마음을 움직여 멤논에게 불멸의 영예를 부여하였다.(혹은 에오스가 이를 제우스에게 눈물로 간청하였다고도 한다) 제우스는 멤논을 화장하고 난 재에서 한 떼의 새들이 생겨나게 하였는데, 이 새들은 화장터의 장작더미 위로 날아오르더니 두 편으로 갈라져 맹렬하게 싸우다가 다시 잿속으로 떨어져 장례식의 제물이 되었다. 멤논의 이름을 따서 멤노니데스(멤논의 새-매의 일종이라고 한다)라고 불린 이 새들은 매년 같은 시기가 되면 멤논을 기념하여 애처로이 소리 지르며 서로 싸우다 죽었다고 한다. 또 다른 이야기에 따르면 멤노니데스는 멤논의 장례식 때 에오스가 멤논의 에티오피아 병사들을 새로 변하게 한 것이라고 한다.

새벽의 여신 에오스의 아들 멤논
베르나르 피카르(Bernard Picart), 1731년
테일러스 박물관

에오스는 멤논의 유골을 페르시아의 수사로 가져가 묻었고 그가 묻힌 자리에서는 강이 생겨났다. 파플라고니오스라고 불린 이 강에서는 매년 멤논이 죽은 날이면 핏물이 흘렀다. 그 밖에도 멤논이 묻힌 곳으로 시리아나 이집트 등지도 거론된다.

테티스와 에오스 사이의 아킬레우스와 멤논
아티카 흑색상도기, 기원전 520년, 뮌헨 국립고대미술관

멤논 거상

이집트 테베의 룩소르 유적지에는 멤논 거상이라고 불리는 거대한 석상이 있다. 이것은 파라오 아멘호테프 3세의 거상인데 로마 시대에 멤논의 신화와 관련된 석상으로 잘못 알려져 그런 이름이 붙었다.

멤논 거상은 아침에 해가 떠오를 때마다 석상에서 아름다운 선율이 울려 나온 것으로 유명한데, 지진으로 석상의 일부가 파괴되고 난 뒤로는 더 이상 소리를 내지 않았다. 밤 사이 석상에 스민 찬 기운이 아침 햇살에 갑자기 따뜻해지면서 돌에서 그런 소리가 났을 것이라고 추측된다.

멤논 거상

멤피스 Memphis

요약

그리스 신화에 나오는 나일 강의 신 네일로스의 딸로 고대 이집트의 도시 멤피스가 그녀의 이름에서 유래하였다.

멤피스는 에파포스와 사이에서 낳은 딸 리비에를 통해서 카드모스 왕가를 비롯한 그리스, 페르시아, 아프리카의 여러 왕조의 조상이 되었다.

기본정보

구분	왕비
외국어 표기	그리스어: Μέμφις
관련 지명	고대 이집트 도시 멤피스
관련 신화	카드모스 왕가

인물관계

멤피스는 나일 강의 신 네일로스의 딸로, 이오와 제우스의 아들 에파포스와 결혼하여 딸 리비에와 리시아나사를 낳았다.

딸 리비에가 포세이돈과 결합하여 낳은 아들 아게노르는 페니키아의 왕이 되었고, 아게노르의 아들 카드모스는 그리스의 보이오티아 지방에 테바이 시를 건설하였다. 리비에의 또 다른 아들 벨로스는 아프리카와 아라비아의 광범위한 지역을 다스리는 통치자가 되었다.

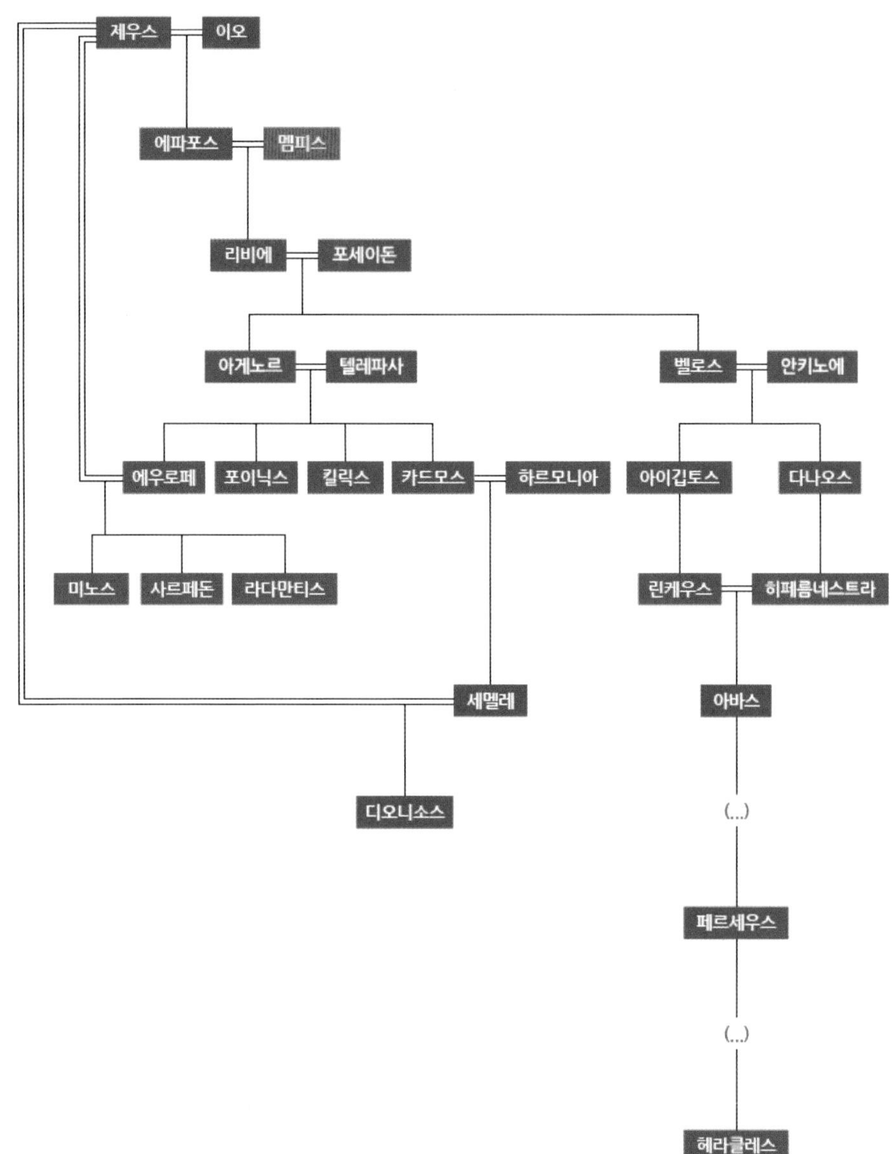
제우스
이오
에파포스
멤피스
리비에
포세이돈
아게노르
텔레파사
벨로스
안키노에
에우로페
포이닉스
킬릭스
카드모스
하르모니아
아이깁토스
다나오스
미노스
사르페돈
라다만티스
린케우스
히페름네스트라
세멜레
아바스
디오니소스
(...)
페르세우스
(...)
헤라클레스

이집트의 왕이 된 에파포스

이오와 제우스
암브로지오 피지노(Giovanni Ambrogio Figino), 1599년, 피나코테카 말라스피나

제우스는 강의 신 이나코스의 아름다운 딸 이오에게 반해 검은 구름으로 변신하여 이오와 관계한 뒤, 아내 헤라에게 들키지 않으려고 그녀를 암소로 변신시켰다. 암소가 된 이오는 헤라의 박해를 피해 도망 다니다 이집트의 나일 강변에서 아들 에파포스를 낳았다.(암소로 변한 이오가 헤엄쳐 건넌 바다에는 그녀의 이름을 따서 이오니아 해라는 이름이 붙었다)

헤라의 분노는 에파포스에게도 미쳤다. 헤라는 반신반인의 족속인 쿠레테스를 사주하여 어린 에파포스를 납치하게 하였고 이에 분노한 제우스는 쿠레테스들을 벼락으로 내려쳐 죽였다. 사라진 아들을 찾아 헤매던 이오는 시리아에서 비블로스의 여왕이 맡아 기르고 있는 어린 에파포스를 발견하여 다시 이집트로 데려왔다.

에파포스는 의붓아버지 텔레고노스에 뒤이어 이집트의 왕이 되어 나일 강의 신 네일로스의 딸인 멤피스와 결혼하였다. 두 사람 사이에서는 두 딸 리비에와 리시아나사가 태어났는데, 리비에는 훗날 페니키아와 이집트의 왕이 된 두 아들 아게노르와 벨로스를 낳았다.

에파포스는 자신이 태어난 나일 강변에 아내의 이름을 딴 멤피스라는 도시를 건설하였다.

모네타 Moneta

요약

로마 신화에 나오는 경고의 여신이다. 대개 유노 여신의 별칭으로 사용되었다.

기본정보

구분	개념이 의인화된 신
상징	기억, 경고, 돈
어원	경고하다, 환기시키다, 돈을 찍어내다
관련 인물	기억의 여신 므네모시네, 유노(헤라) 여신

신화이야기

개요

모네타는 '경고하는 여자'라는 뜻이다. 이와 같은 이름에 근거하여 로마의 시인 안드로니쿠스는 모네타 여신이 사람들의 망각을 일깨워 주는 기억의 여신 므네모시네의 또 다른 이름이라고 하였다.

하지만 일반적으로 모네타는 로마 카피톨리노 언덕에 신전이 있는 유노 여신의 별칭(유노 모네타)으로 사용되었다. 나중에 이 이름은 돈을 지칭하는 말이 되었다.

유노 모네타

기원전 390년 갈리아인들이 로마로 쳐들어왔을 때 로마의 장군 만리우스 카피톨리누스는 유노 여신에게 바쳐진 신성한 동물인 거위들이 요란하게 꽥꽥거리는 소리를 듣고 적들의 은밀한 야습을 막아낼 수 있었다. 이때부터 유노 여신에게는 경고하는 자라는 의미가 붙어 '유노 모네타'라고 불리었다. 유노 모네타는 외부의 침입으로부터 로마를 보호하는 수호 여신으로 간주되었다.

그로부터 50여년 뒤인 기원전 345년, 로마 장군 마르쿠스 푸리우스 카밀루스는 아우룽키인들과 전쟁이 벌어졌을 때 유노 모네타 여신에게 승리를 거두게 해 주면 신전을 지어 바치겠다고 약속하였다. 전쟁에서 승리한 뒤 카밀루스는 왕이 되고자 반역을 꾀했다는 혐의로 사형에 처해진 만리우스 카피톨리누스의 집이 있던 자리에 유노 모네타의 신전을 세웠다.

국가 재정의 수호자

그 뒤 유노 모네타의 신전에는 화폐를 만드는 조폐소가 들어서게 된다. 에페이로스의 왕 피루스와 전쟁을 벌이게 되었을 때 로마인들은 국가의 재정 부족으로 전쟁에 패할까봐 두려워 유노 모네타 여신에게 도움을 청했는데, 여신은 로마가 정의로운 전쟁을 치른다면 절대로 돈이 모자라는 일은 생기지 않을 거라는 답을 내렸다. 실제로 로마인들은 재정적인 어려움 없이 전쟁을 치를 수 있었고 그 뒤로 유노 모네타의 신전에는 유노 여신이 내리는 신탁에 따라 화폐 주조를 결정하는 조폐소가 들어섰다. 모네타가 돈을 뜻하는 말이 된 것이 여기에 기인한다. 영어의 머니(Money), 독일어의 뮌체(Münze), 스페인어의 모네다(Moneda) 등 돈을 뜻하는 여러 언어의 단어들이 모네타에서 유래하였다.

모로스 Moros

요약

그리스 신화에서 피할 수 없는 운명이 의인화된 신이다.

밤의 여신 닉스가 혼자서 낳은 자식이라고도 하고, 닉스와 어둠의 신 에레보스의 결합으로 태어난 자식이라고도 한다.

모로스는 케레스, 타나토스와 함께 죽음을 상징한다.

기본정보

구분	개념이 의인화된 신
상징	죽을 수 밖에 없는 운명, 죽음
외국어 표기	그리스어: Μόρος
어원	운명
로마신화	파툼(fatum)
가족관계	닉스의 아들, 에레보스의 아들

인물관계

모로스는 밤의 여신 닉스가 홀로 혹은 어둠의 신 에레보스와 결합하여 낳은 아들로 케레스, 힙노스, 타나토스, 모이라이, 네메시스, 아파테, 필로테스, 게라스, 에리스, 헤스페리데스 등과 형제이다.

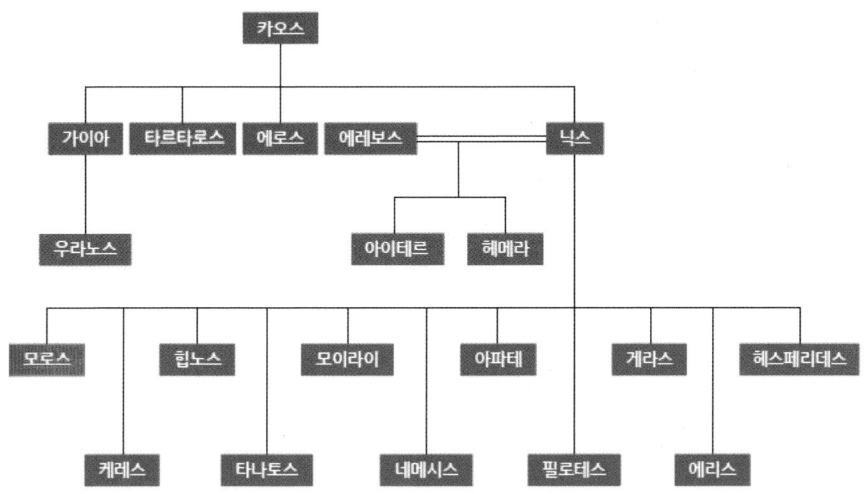

신화이야기

밤의 여신 닉스의 자녀들

『신들의 계보』에 따르면 태초에 세상을 감싸고 있던 카오스(혼돈)에서 생겨난 밤의 여신 닉스는 마찬가지로 카오스에서 곧바로 생겨난 어둠의 신 에레보스와 결합하여 창공의 밝은 대기 아이테르와 환한 대낮 헤메라를 낳은 뒤, 남성의 도움 없이 혼자 힘으로 모로스(숙명)를 비롯하여 케레스(죽음, 파멸), 힙노스(잠), 타나토스(죽음), 모이라이(운명), 네메시스(복수), 아파테(기만), 필로테스(우정), 게라스(노화), 에리스(불화), 헤스페리데스(석양) 등 여러 개념이 의인화된 신들을 낳았다.

운명의 신 모로스

모로스는 죽을 수밖에 없는 운명을 의미하는 신으로 케레스, 타나토스와 함께 죽음을 상징한다. 하지만 이 셋이 대변하는 죽음은 조금 다른 양상을 띤다. 모로스가 인간의 숙명으로써 필연적인 죽음을 의

미한다면, 케레스는 모든 것을 허물어버리는 폭력적이고 파괴적인 죽음을 뜻하고, 타나토스는 잠의 신 힙노스와 쌍둥이 형제로 생명이 사라진 상태로써의 죽음을 뜻한다.

또한 모로스는 남매지간인 운명의 여신 세 자매 모이라이와도 구별된다. 모로스는 죽을 수밖에 없는 인간의 숙명을 뜻하는 부정적인 신으로 간주되지만 모이라이는 반드시 그렇지만은 않다.

모이라이
프란체스코 살비아티(Francesco Salviati), 1550년, 피티 미술관

모이라이는 인간이 태어나는 순간부터 운명의 실타래를 통해 그의 수명을 재단하고 삶을 지배, 감시하는 여신이다. 이때 세 자매는 각기 다른 역할을 하는데, 클로토는 운명의 실을 잣고, 라케시스는 운명의 실을 감거나 짜는 역할을 하고, 아트로포스는 가위로 실을 잘라 운명을 거두는 역할을 한다.

모르모 Mormo

요약

그리스 신화에 등장하는 여성 괴물이다. 주로 어린아이를 붙잡아가거나 잡아먹는다고 알려져서 고대인들이 말 안 듣는 아이들에게 겁을 줄 때 모르모의 이름을 언급하였다고 한다.

기본정보

구분	괴물
상징	어린아이를 잡아먹는 악귀
외국어 표기	그리스어: **Μορμώ**, 혹은 **Μορμών**
별칭	모르몰리케(Mormolyke = 늑대 모르모)

신화이야기

개요

모르모는 그리스 신화에서 특히 어린아이들을 붙잡아 가거나 잡아먹는다고 알려진 여자 괴물 혹은 악령으로 라미아, 겔로 등과 닮은 꼴이다. 고대 그리스인들은 말을 안 듣거나 떼를 쓰는 아이에게 모르모의 이름을 대며 겁을 주었다고 한다. 모르모가 이와 같은 악명을 얻게 된 경위는 라미아의 신화와 비슷하다.('라미아' 참조)

어린아이를 잡아먹는 악귀

모르모는 원래 라이스트리고네스족의 여왕이었다고 한다. 라이스트리고네스족은 호메로스의 『오디세이아』에도 나오는 식인 거인 부족이다. 오디세우스 일행은 트로이 전쟁을 마치고 귀향하는 길에 이들이 사는 나라에 잠시 정박했다가 정찰병에 붙잡혀 잡아먹히고 여러 척의 배도 잃어야 했다.

모르모는 어느 날 갑자기 광기에 사로잡혀 자기 자식들을 제 손으로 잡아먹었다고 한다. 그리고 정신이 돌아오자 실의에 빠져 다른 어머니의 아이들을 유괴하여 잡아먹는 끔찍한 식인귀로 돌변하였다는 것이다.

고대 그리스의 작가 아리스토파네스와 크세노폰 등은 어린아이를 잡아먹는 악귀 모르모의 전설을 문학 작품에서 희화화하여 다루기도 하였다.

모르몰리케

모르모는 '늑대 모르모'라는 뜻의 모르몰리케(Mormolyke)라는 이름으로 불리기도 했다. 하지만 전승에 따라 모르몰리케는 저승을 흐르는 강의 신 아케론에게 젖을 먹인 암늑대로 묘사되기도 한다. 이때의 모르몰리케는 하계에 속하는 악령인데 모르모와 마찬가지로 어린아이를 겁줄 때 주로 언급되었다.

현대의 모르모

모르모는 닐 게이머의 동명 원작소설을 영화화한 매튜 본 감독의 미국 영화 〈스타더스트〉에서 라미아, 엠푸사와 함께 세 명의 마녀로 등장한다.

또 모르모는 비디오 게임 〈테일즈 오브 더 월드: 래디언트 미솔로지〉에 등장하는 주요 캐릭터의 이름이기도 하다. 여기서 모르모는 하늘을 나는 고양이의 모습을 하고 플레이어 캐릭터를 따라다니며 도움을 준다.

모르페우스 Morpheus

요약

그리스 신화에 나오는 꿈의 신이다.

자유자재로 모습을 바꾸며 꿈에 나타나고 소리 없이 펄럭이는 아주 커다란 날개가 달려 있어 순식간에 땅 끝까지 날아갈 수 있다.

기본정보

구분	개념이 의인화된 신
상징	꿈, 소식
외국어 표기	그리스어: Μορφεύς
어원	형상을 빚는 자, morphe는 형상, 형태를 뜻함
관련 동식물	박쥐, 양귀비
관련 신화	알키오네
가족관계	힙노스의 아들, 파시테아의 아들, 오네이로이

인물관계

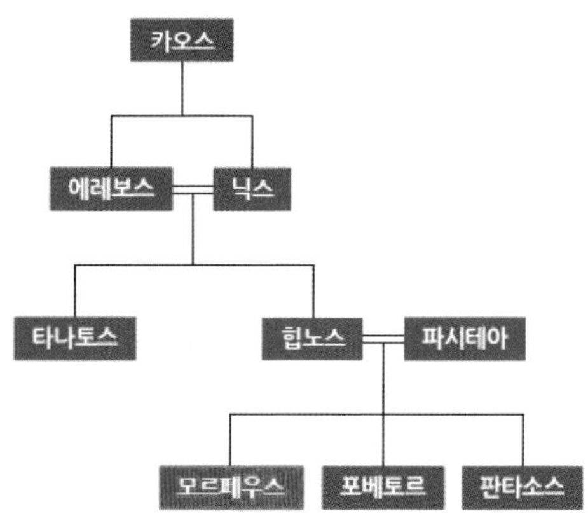

모르페우스는 잠의 신 힙노스와 우미(優美)의 여신 카리테스 중 하나인 파시테아 사이에서 난 아들로, 형제지간인 포베토르, 판타소스와 함께 '오네이로이' 즉 꿈의 신이라고 불린다.

모르페우스는 꿈에서 인간의 모습으로 나타나고 포베토르와 판타소스는 각각 동물과 사물의 형태를 취하여 나타난다. 힙노스에게는 꿈의 신인 자식들이 수천 명이나 있는데 그들 중 이 셋이 가장 강력하며 모르페우스는 셋의 리더 역할을 한다.

신화이야기

알키오네의 꿈에 나타난 모르페우스

바람의 신 아이올로스의 딸 알키오네는 사랑하는 남편 케익스가 이미 바다에서 죽은 줄도 모르고 날마다 헤라 여신의 신전을 찾아가 간절히 기도하며 향불을 피웠다. 헤라 여신은 이를 더 이상 두고 볼 수가 없었다. 그래서 무지개의 여신 이리스를 힙노스에게 보내 알키오네의 잠 속으로 들어가 남편에 대한 소식을 알려 주라고 부탁하였다. 헤라 여신의 부탁을 받은 힙노스는 아들 모르페우스를 불러 헤라의 지시를 전했다. 알키오네의 꿈에 남편 케익스로 나타나서 사실을 말해 주라는 것이다.

모르페우스와 이리스
피에르 나르시스 게랭(Pierre Narcisse Guerin), 1811년, 에르미타시 미술관

힙노스가 많은 자식들 중에

모르페우스를 부른 것은 그가 꿈의 신들 중에서도 인간의 모습으로 변하는데 특히 능했기 때문이다. 모르페우스는 심지어 걸음걸이, 용모, 말씨, 옷차림, 자세에 이르기까지 조금도 틀림없이 흉내낼 수 있었다.

모르페우스는 소리 없는 커다란 날개로 눈 깜짝할 사이에 알키오네가 있는 곳으로 가서 케익스의 죽은 모습으로 변신했다. 익사한 시체답게 창백한 얼굴에서는 물방울이 뚝뚝 떨어졌다. 케익스로 변한 모르페우스는 알키오네의 꿈 속으로 들어가 자신은 이미 죽었으니 이제 그만 헛된 희망을 버리고 죽은 지아비를 애도해 달라고 말했다. 잠에서 깨어난 알키오네는 비로소 남편의 죽음을 알고 가슴을 치고 옷과 머리를 쥐어뜯으며 애도의 눈물을 흘렸다.

알키오네에게 나타난 케익스(모르페우스)
비르길 졸리스(Virgil Solis), 1581년, 오비디우스 『변신이야기』의 삽화

새로 변한 알키오네

다음날 아침 알키오네는 남편을 그리워하며 그가 떠난 바닷가를 거닐었다. 그런데 웬 시커먼 것이 파도에 떠밀려 오길래 보았더니 남편 케익스의 시체였다. 알키오네는 남편에게로 가고자 방파제에서 몸을

던졌고 이를 불쌍히 여긴 신들은 그녀를 새로 만들어 주었다. 새로 변한 알키오네의 부리가 닿는 순간 케익스의 몸도 새로 변하였고 두 마리의 물총새는 짝을 지어 물 위를 날았다.

신화해설

신화에서 꿈은 신들이 자신의 뜻을 인간에게 전하는 수단으로 자주 등장한다. 그래서 전령의 신 헤르메스도 잠든 인간들의 꿈 속을 들락거린다. 하지만 꿈의 신 모르페우스는 잠과 연결되는 데서 그치지 않고 어둠 속에 웅크리고 있는 공포, 현실의 고통을 잠재우는 몽롱한 상태, 심지어 죽음을 의미하기도 한다. 그래서 일부 신화에서 모르페우스는 힙노스의 자식이 아니라 밤의 여신 닉스가 낳은 자식으로 간주되며, 사는 곳도 힙노스의 동굴 속 상아로 만든 침대 위라고도 하고, 어둠의 신 에레보스가 지배하는 컴컴한 저승이라고도 한다.

민담에 전해지는 잠귀신 '샌드맨(Sandman)'도 모르페우스에서 유래하는 것으로 보인다. 최근에는 영화 〈매트릭스〉 속에서 '모피어스(모르페우스)'라는 이름의 인물이 등장하여 사람들의 꿈 속 현실로 들어가 활약을 펼치기도 했다.

모르페우스의 상징은 아편의 재료가 되는 양귀비 열매다. 그래서 1804년에 처음으로 추출에 성공한 아편제제에는 모르페우스의 이름을 따서 모르핀(morphin)이라는 명칭이 붙여졌다.

모리아 Moria

요약

그리스 신화에 나오는 강물의 님페이다.

남동생 틸로스와 함께 헤르모스 강변을 거닐다 왕뱀의 공격을 받아 틸로스는 죽고 모리아는 거인 다마센의 도움으로 화를 모면했다. 모리아는 약초 '제우스의 꽃'이 왕뱀을 살려내는 것을 보고 같은 방법으로 틸로스를 다시 살려냈다.

기본정보

구분	님페
상징	대지를 통한 소생
외국어 표기	그리스어: Μορία
어원	올리브 나무
관련 상징	올리브 나무, 헤르모스 강
가족관계	틸로스의 누이

인물관계

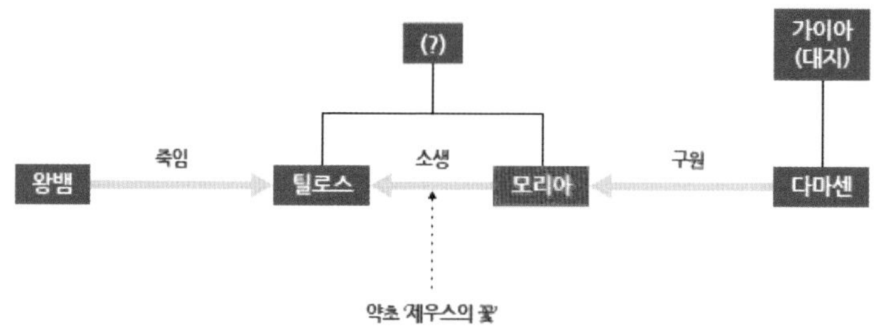

모리아는 리디아에 흐르는 헤르모스 강의 님페로 틸로스와 남매지간이다.

신화이야기

왕뱀에게 물려죽은 틸로스

모리아와 틸로스는 어느 날 함께 헤르모스 강가를 거닐다 틸로스가 실수로 거대한 왕뱀을 건드렸다. 그러자 왕뱀이 기다란 몸으로 틸로스를 칭칭 감더니 머리를 물어 죽였다. 모리아는 다급하게 거인 다마센에게 도움을 청했다. 다마센은 대지의 여신 가이아의 아들이다.

다마센은 나무 한 그루를 뿌리째 뽑아 왕뱀을 때려죽였다. 그러자 함께 있던 암컷 왕뱀이 재빨리 수풀 속으로 들어가 약초를 물고 오더니 죽은 수컷 왕뱀의 콧구멍에 대고 문질렀다. 잠시 후 모리아는 죽었던 수컷이 다시 살아나 암컷과 함께 숲 속으로 사라지는 놀라운 광경을 목격할 수 있었다.

약초 '제우스의 꽃'

모리아는 암컷 왕뱀이 들어갔던 수풀 속에서 똑같은 약초를 뜯어와서는 죽은 틸로스의 코에 대고 문질렀다. 그러자 틸로스의 숨결이 돌아오고 얼굴에 생기가 돌았다. 모리아가 틸로스를 살려낸 약초는 '제우스의 꽃'이라는 이름의 풀이었는데 그 뒤로 사람들은 '모리아의 풀'이라고도 불렀다.

모리아와 틸로스의 이야기는 리디아 지방에 전해지는 신화인데 논노스의 『디오니소스 이야기』 외에 다른 전승에서는 찾아볼 수 없다. 하지만 뱀이 약초로 죽은 뱀을 살리는 것을 보고 사람도 그와 같은 방식으로 살린다는 이야기는 미노스의 아들 글라우코스의 신화에서도 찾아볼 수 있다.

모모스 Momus

요약

그리스 신화에서 터무니없는 불평과 비난이 의인화된 신이다.

밤의 여신 닉스가 혼자서 낳은 자식이라고도 하고 닉스와 어둠의 신 에레보스의 결합으로 태어난 자식이라고도 한다.

모모스는 다른 신들을 지나치게 헐뜯고 폄훼하다 결국 제우스에 의해 올림포스 산에서 쫓겨났다.

기본정보

구분	개념이 의인화된 신
상징	불평, 비난, 폄훼
외국어 표기	그리스어: Μῶμος
어원	비난하다, 조롱하다
로마 신화	퀘렐라(querella)
가족관계	닉스의 아들, 에레보스의 아들, 네메시스의 형제

인물관계

모모스는 밤의 여신 닉스가 홀로 혹은 어둠의 신 에레보스와 결합하여 낳은 아들로 케레스, 힙노스, 타나토스, 모이라이, 네메시스, 아파테, 필로테스, 게라스, 에리스, 헤스페리데스 등과 형제다.

카오스

가이아 타르타로스 에로스 에레보스 닉스

우라노스 아이테르 헤메라

모모스 힙노스 모이라이 아파테 게라스 헤스페리데스

케레스 타나토스 네메시스 필로테스 에리스

신화이야기

밤의 여신 닉스의 자녀들

『신들의 계보』에 따르면 태초에 세상을 감싸고 있던 카오스(혼돈)에서 생겨난 밤의 여신 닉스는 마찬가지로 카오스에서 곧바로 생겨난 어둠의 신 에레보스와 결합하여 창공의 밝은 대기 아이테르와 환한 대낮 헤메라를 낳은 뒤, 남성의 도움 없이 혼자 힘으로 모모스(비난)를 비롯하여 케레스(죽음, 파멸), 힙노스(잠), 타나토스(죽음), 모이라이(운명), 네메시스(복수), 아파테(기만), 필로테스(우정), 게라스(노화), 에리스(불화), 헤스페리데스(석양) 등 여러 개념이 의인화된 신들을 낳았다.

비난과 폄훼의 신 모로스

아이소포스의 『우화』에 따르면 제우스와 프로메테우스와 아테나는 셋 중 누구의 작품이 제일 완벽한 지를 놓고 대결을 벌였다고 한다. 제우스는 황소를, 프로메테우스는 인간을, 아테나는 집을 각각 만들었다. 심판은 모모스가 맡았다. 그런데 모모스는 세 사람이 만든 피조물에 대해 모두 트집을 잡으며 폄훼하였다.

제우스가 만든 황소는 왜 뿔이 눈 아래 달려 있지 않은가? 그랬더라면 뿔로 들이받을 때 상대를 더욱 잘 볼 수 있을텐데. 프로메테우스는 왜 인간의 심장을 몸 밖으로 노출시키지 않았는가? 그랬더라면 그 사람이 나쁜 마음을 먹는지 어떤지를 더 잘 알아볼 수 있을텐데. 또 아테나는 왜 집에 바퀴를 달지 않았는가? 그랬더라면 못마땅한 이웃이 있을 때 간단히 멀리할 수 있을텐데. 이런 식의 비난이 이어지자 화가 난 제우스는 그를 올림포스 산에서 던져버렸다.

그밖에도 모모스의 트집잡기에 대한 이야기는 또 있다.

로마 시대의 작가 루키아노스에 따르면 모모스는 헤파이스토스에게 인간을 만들 때 가슴에 문을 만들어 달았더라면 생각을 들여다보기가 훨씬 쉬웠을 거라며 비난했다고 한다. 또 아프로디테에게는 달리 흠잡을 데가 없자 신고 다니는 샌들이 너무 달그락거린다고 트집을 잡았고 제우스는 너무 폭력적이고 여자를 밝힌다고 비난하였다.

신들의 피조물을 비판하는 모모스
마르텐 반 헤엠스케르크(Maarten van Heemskerck), 1561년, 베를린 회화미술관

후대로 가면서 모모스는 풍자와 독설이 특징인 시인과 작가들의 수호신으로 추앙받았다.

풍자와 조롱의 신 모모스

히폴리데 베르투(Hippolyte Berteaux), 낭트의 그레슬린 극장 천장

모이라이 Moerae

요약

그리스 신화에 나오는 '필멸의 인간에게 복도 주고 화도 주는' 운명의 여신 세 자매이다. 이들 중 클로토는 운명의 실을 뽑아내고, 라케시스는 운명의 실을 감거나 짜며 배당하고, 아트로포스는 운명의 실을 가위로 잘라 삶을 거두는 역할을 담당한다.

기본정보

구분	개념이 의인화된 신
상징	삶과 죽음, 운명, 숙명
외국어 표기	그리스어: Μοῖραι. 단수형: Μοῖρα(모이라)
어원	잘라내는 자, 할당하는 자
로마 신화	파르카이, 파툼
관련 상징	물레, 저울
관련 신화	칼리돈의 멧돼지 사냥, 헤라클레스, 아드메토스
가족관계	닉스의 딸, 에레보스의 딸, 네메시스의 자매

인물관계

모이라이는 밤의 여신 닉스가 홀로 혹은 어둠의 신 에레보스와 결합하여 낳은 자매라고도 하고, 테미스와 제우스 사이에서 태어난 자매라고도 한다.

전자의 경우 모이라이는 모로스(숙명), 케레스(죽음, 파멸), 힙노스(잠), 타나토스(죽음), 네메시스(복수), 아파테(기만), 필로테스(우정), 게라스(노화), 에리스(불화), 헤스페리데스(석양) 등 개념이 의인화된 여러 신들과 형제이고, 후자의 경우 계절의 여신 호라이, 정의의 여신 아스트라이아 등과 형제이다.

모이라이 세 자매의 이름은 클로토, 라케시스, 아트로포스이다.

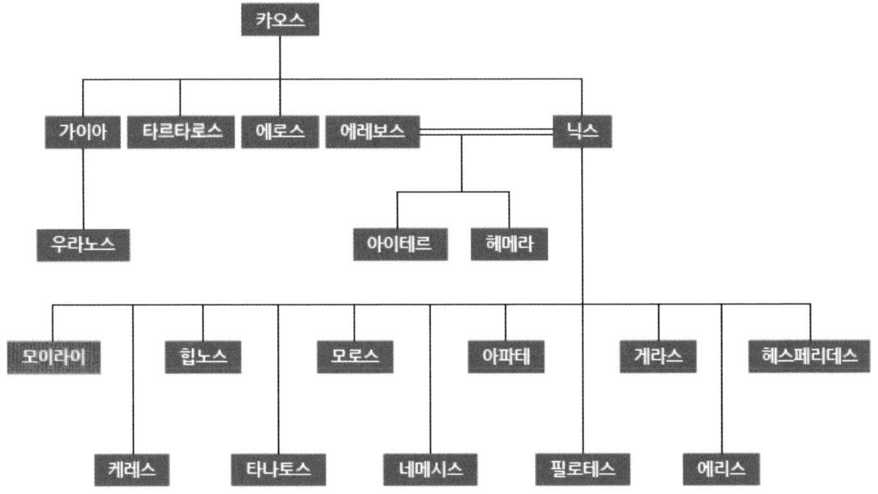

신화이야기

개요

모이라이는 인간이 태어나는 순간부터 운명의 실타래를 통해 그의 수명을 재단하고 삶을 지배, 감시하는 여신이다. 이때 세 자매는 각기 다른 역할을 수행한다. 클로토는 운명의 실을 잣고, 라케시스는 운명의 실을 감거나 짜는 역할을 하고, 아트로포스는 가위로 실을 잘라 운명을 거두는 역할을 한다.

그리스 신화에는 모이라이 외에도 아난케, 티케, 모로스, 케레스 등 인간의 운명이나 생사를 주관하는 신들이 여러 명 있다. 모이라이가 중립적인 의미에서 개인의 운명을 관장한다면 아난케는 필연적 운명

운명의 여신 세 자매

요한 고트프리트 샤도(Johann Gottfried Schadow), 1789년, 베를린 구(舊)국립미술관
: 알렉산더 폰 데어 마르크(Alexander von der Mark) 백작의 묘비 부조

의 강제력을, 티케는 행과 불행을 모두 포함하는 맹목적인 우연을 관장하는 여신이다. 모로스와 케레스는 인간의 죽을 운명을 관장하는 신들인데 모로스가 죽음의 필연성을 뜻한다면 케레스는 모든 것을 허물어버리는 죽음의 파괴적 속성을 가리킨다.

그리스 신화에서 운명의 영역은 신들조차도 함부로 침범할 수 없다. 왜냐하면 그것은 세상의 질서를 허무는 일이 될 수 있기 때문이다. 가령 제우스는 트로이 전쟁 때 자신의 피를 받은 영웅 사르페돈이 아킬레우스의 갑옷을 입고 싸움터에 나온 파트로클로스의 창에 죽음을 맞게 되자 안타까운 마음에 그의 생명을 연장하려 하지만 뜻을 이루지 못한다. 이를 눈치 챈 헤라 여신이 운명의 법칙을 거스르려 한다며 합당한 비난을 하자 더 이상 고집하지 못했기 때문이다. 이런 의미에서 그리스 신화의 신들이 인간의 운명에 관여한다고 할 때 이들의 역할은 운명의 결정자나 지배자라기보다는 운명의 집행자에 불과하다고 하겠다.

그리스 신화에서 운명의 여신 모이라이 자매는 비교적 자주 등장하는 편이지만 대부분 개념의 형태로 언급될 뿐 개별적 인물로서 독자적인 역할이 주어지는 경우는 거의 없다.

멜레아그로스와 탄생과 죽음

테스티오스의 딸 알타이아는 칼리돈의 왕 오이네우스와 결혼하여 아들 멜레아그로스를 낳았다. 멜레아그로스가 태어난 지 7일째 되던 날 운명의 여신 모이라이 자매는 그의 어머니 알타이아를 찾아가 아이의 운명이 아궁이에 타고 있는 장작에 연결되어 있으니 장작이 모두 타버리면 아이도 죽게 될 거라고 말해 주었다. 알타이아는 이 말을 듣고는 얼른 불을 끄고 타다 남은 장작을 항아리에 담아 소중하게 보관하였고 멜레아그로스는 별탈 없이 잘 자라 건장한 청년이 되었다.

하지만 멜레아그로스가 칼리돈의 멧돼지 사냥이 끝난 뒤 가죽의 소유권을 놓고 다투다 외삼촌들 즉 알타이아의 두 남동생을 죽이자 알타이아는 분을 참지 못하고 멜레아그로스의 장작을 항아리에서 꺼내 불 속에 던져버렸다. 그러자 모이라이의 예언대로 멜레아그로스는 온몸에 불이 붙어 타죽고 말았다. 얼마 후 제정신이 든 알타이아는 자신이 무슨 짓을 저질렀는지 깨닫고는 스스로 목을 매고 죽었다.

헤라클레스의 탄생을 도운 갈린티아스

알크메네가 제우스의 아들인 헤라클레스를 낳으려 할 때 헤라는 출산의 여신 에일레이티이아와 함께 운명의 여신 모이라이 자매도 불러 출산을 막고 알크메네와 헤라클레스를 죽이려 하였다. 에일레이티이아와 모이라이는 알크메네의 산실 문턱에서 두 팔로 무릎을 감싸고 양손을 깍지 낀 자세로 주술을 써서 아흐레(혹은 이레) 동안이나 밤낮으로 헤라클레스의 출산을 막고 있었다. 알크메네의 고통은 이루 말할 수가 없었다.

이를 곁에서 지켜보던 알크메네의 시녀 갈린티아스가 꾀를 내어 알크메네가 제우스의 도움으로 이미 아기를 출산했다고 소리치며 산실을 뛰쳐나갔다. 밖에 있던 에일레이티이아와 모이라이는 깜짝 놀라 화를 내며 벌떡 일어섰다. 출산과 생사를 관장하는 자신들의 권한이 무시되었다고 여겼던 것이다. 하지만 그 바람에 출산을 가로막고 있던 주술이 풀리면서 알크메네는 무사히 헤라클레스를 낳을 수 있었다.

사실을 알게 된 여신들은 분노하여 갈린티아스를 족제비로 만들고는 그녀가 입으로 자신들을 속였으므로 새끼를 입으로 낳게 하였다.(고대인들은 족제비가 귀로 임신하여 입으로 새끼를 낳는다고 여겼다)

아드메토스의 운명을 바꾼 아폴론

아폴론은 외눈박이 거인 키클로페스들을 살해한 죄로 1년 동안 페라이 왕 아드메토스의 소를 돌봐야 하는 벌을 받았다. 그러나 아드메토스 왕은 자신의 노예가 된 아폴론을 함부로 대하지 않았다. 그는 아폴론을 같은 인간으로 대하지 않고 예전처럼 신으로 공경하였다. 아드메토스의 겸손한 태도에 감동한 아폴론은 1년 간의 노예 기간을 끝마치고 다시 신들의 나라로 가면서 아드메토스에게 다른 어떤 인간도 받아보지 못한 선물을 안겨주었다. 아폴론은 계략을 써서 모이라이 자매를 술에 취하게 만든 다음 아드메토스가 죽게 되었을 때 그를 대신하여 죽을 사람이 나타난다면 다시 한 번 이승의 삶을 살 수 있게 해주겠다는 허락을 받아냈던 것이다.

몰로소스 Molossus

요약

그리스 신화에 나오는 안드로마케와 네오프톨레모스의 아들이다.

의붓아버지 헬레노스로부터 에페이로스 왕국을 물려받은 뒤 나라 이름을 몰로시아로 바꾸고 새 왕국의 시조가 되었다.

기본정보

구분	몰로시아의 왕
외국어 표기	그리스어: μολοσσός
관련 신화	트로이 전쟁, 네오프톨레모스, 아이네이스
가족관계	네오프톨레모스의 아들, 페르가모스의 형제, 안드로마케의 아들

인물관계

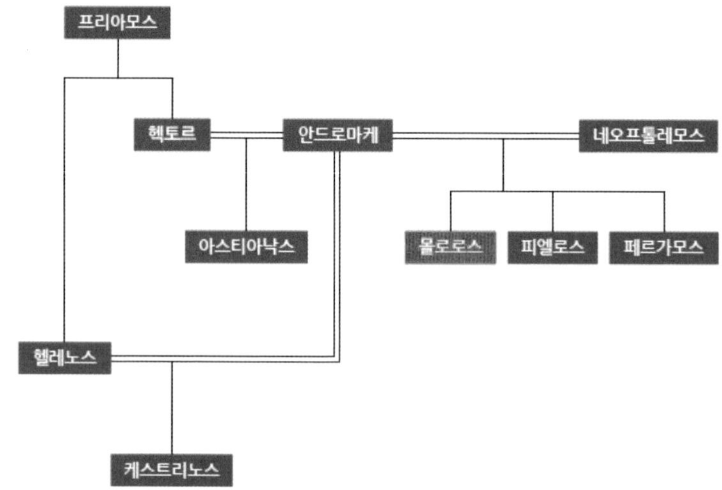

몰로소스는 헥토르의 아내 안드로마케가 남편이 죽은 뒤 아킬레우스의 아들 네오프톨레모스의 첩이 되어 낳은 삼형제 중 한 명이다. 다른 두 형제는 피엘로스와 페르가모스이다. 네오프톨레모스가 죽은 뒤 안드로마케는 헬레노스의 아내가 되었는데 두 사람 사이에서는 케스트리노스라는 이름의 아들이 태어났다고 한다.

신화이야기

안드로마케와 네오프톨레모스의 아들

몰로소스는 안드로마케가 네오프톨레모스에게서 얻은 아들이다. 트로이 왕자 헥토르의 아내였던 안드로마케가 그리스군의 용사 아킬레우스의 아들인 네오프톨레모스의 자식을 낳게 된 연유는 다음과 같다.

아킬레우스가 트로이에서 죽은 뒤 그리스군이 승리하려면 아킬레우스의 아들을 데려와야 한다는 예언자 헬레노스의 말에 따라 그리스군은 그리스 본토에서 네오프톨레모스를 데려왔다. 뒤늦게 트로이 전쟁에 참가하게 된 '젊은 전사' 네오프톨레모스는 아킬레우스가 되살아난 듯 혁혁한 공을 세웠다. 그는 목마에 숨어 트로이 성에 잠입한 용사이기도 하다.('네오프톨레모스' 참조)

전쟁이 끝난 뒤 네오프톨레모스는 전리품으로 헥토르의 미망인 안드로마케를 차지하고 귀향길에 올랐다.

에페이로스 왕국의 건설

네오프톨레모스는 귀향길에 동행한 예언자 헬레노스의 충고에 따라 육로로 돌아서 에페이로스에 정착하여 그와 함께 왕국을 건설하였다. 프리아모스 왕의 아들이기도 한 헬레노스는 파리스가 죽은 뒤 헬레네를 둘러싼 갈등으로 나라를 등진 뒤 그리스군을 도와 트로이의 멸망에 기여한 인물이다.('헬레노스' 참조) 에페이로스의 왕이 된 네오프톨레모스는 안드로마케를 첩으로 삼아 세 아들 몰로소스, 피엘로스, 페르가모스를 낳았다.

몰로시아 왕국

네오프톨레모스가 죽은 뒤 헬레노스는 에페이로스 왕국을 물려받고 자신의 형수이기도 했던 안드로마케와 결혼하였다. 헬레노스는 안드로마케가 네오프톨레모스에게서 낳은 세 아들도 자기 자식으로 받아들였다. 헬레노스는 죽을 때가 되자 왕국을 몰로소스에게 물려 주었고 몰로소스는 왕국의 이름을 자신의 이름을 따서 몰로시아로 바꾸었다. 스트라본에 따르면 몰로시아인은 에페이로스의 14개 부족 중에서 테스프로티아인, 카오니아인과 함께 가장 강력한 부족이었다고 한다.

부트로톤 왕국

베르길리우스의 『아이네이스』에는 헬레노스가 에페이로스 부근에 부트로톤이란 새 왕국을 건설한 것으로 나온다. 전쟁에 패하고 이탈리아로 가던 아이네이아스가 이곳에 들렀다가 헬레노스에 의해 트로이를 본뜬 소(小)트로이가 건설된 것을 보고 감탄을 금치 못하였다. 부트로톤 왕국이 몰로시아 왕국과 같은 나라인지는 확실치 않다.

몹소스 Mopsus, 만토의 아들

요약

그리스 신화에 등장하는 예언자이다.

테바이의 전설적인 예언자 테이레시아스의 외손자이며 트로이 전쟁 때 이름을 날린 예언자 칼카스와 예언 대결을 벌여 승리하였다.

기본정보

구분	예언자
외국어 표기	그리스어: Μόψος
관련 신화	트로이 전쟁

인물관계

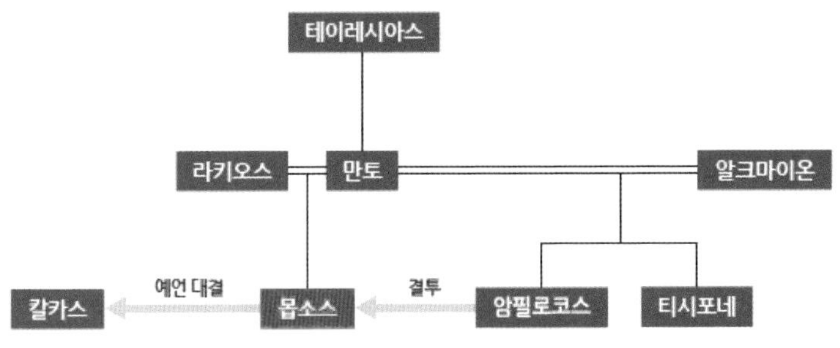

몹소스는 예언자 테이레시아스의 딸 만토와 크레타 사람 라키오스 사이에서 태어난 아들로, 외조부와 어머니로부터 예언자의 피를 물려

받았다. 그의 어머니 만토는 '에피고노이(테바이를 공격한 7장군의 후손)'의 한 명인 알크마이온과 사이에서 암필로코스와 티시포네를 낳았는데 이복형제인 몹소스와 암필로코스는 나중에 말로스 도시의 통치권을 놓고 결투를 벌이다 둘 다 죽고 말았다.

신화이야기

출생

몹소스의 어머니 만토는 테바이의 전설적인 예언자 테이레시아스의 딸로 아버지 못지않은 예언자였다. 만토는 '테바이 공략 7장군'의 후손들인 '에피고노이'가 아르고스의 군대를 이끌고 테바이를 함락시켰을 때 포로로 붙잡혀 델포이 신전에 바쳐졌다.

델포이 신전에서 여사제 노릇을 하던 만토는 소아시아에서 식민지를 건설하라는 아폴론의 신탁에 따라 다른 테바이 포로들을 데리고 소아시아로 건너가 콜로폰에 아폴론의 신탁소 클라로스를 세웠다. 여기서 만토는 이미 그 지역에 정착해서 살고 있던 크레타인 라키오스와 결혼하여 아들 몹소스를 낳았다. 하지만 다른 이야기에 따르면 만토는 소아시아로 가던 중 해적들에게 붙잡혔는데 이때 해적 두목인 라키오스와 사이에서 몹소스를 낳았다고도 한다.

칼카스와의 예언 대결

외조부와 어머니의 피를 이어받아 뛰어난 예언자가 된 몹소스는 트로이 전쟁에서 돌아온 예언자 칼카스와 예언 대결을 펼쳤다. 칼카스는 트로이가 10년이 지나야 함락될 것이라고 내다본 그리스군 최고의 예언자였는데, 그는 자신보다 더 뛰어난 예언자가 나타나면 죽게 될 거라는 신탁을 받았다고 한다. 칼카스는 무화과나무에 주렁주렁 달린 열매의 수와 임신한 암퇘지의 뱃속에 새끼가 몇 마리가 들었는지를 맞추는 시합에서 모두 몹소스에게 패하자 분을 참지 못하고 자살했다.

말로스의 통치권을 둘러싼 결투

칼카스가 죽은 뒤 몹소스는 이복형제 암필로코스와 함께 킬리키아의 말로스에 신탁소를 세웠다. 암필로코스는 다시 에피로스로 가서 아르고라는 도시를 건설하였다. 암필로코스는 아르고에서의 생활에 염증을 느끼고 다시 말로스로 돌아오려 했으나 몹소스가 이를 허락하지 않았다. 결국 두 사람은 말로스의 통치권을 놓고 결투를 벌이다 모두 죽고 말았다.

몹소스 Mopsos, 암피코스의 아들

요약

그리스 신화에 등장하는 테살리아의 예언자로, 아르고호 원정과 칼리돈의 멧돼지 사냥 등 그리스 신화의 유명한 사건들에 참여하여 이름을 남겼다.

기본정보

구분	예언자
외국어 표기	그리스어: Μόψος
관련 신화	아르고호 원정, 칼리돈의 멧돼지 사냥

인물관계

몹소스는 테살리아의 예언자 암피코스(혹은 암픽스)와 보이오티아 왕 오르코메노스의 딸 클로리스 사이에서 난 아들이다.(예언자 만토의 아들 몹소스와 혼동하면 안 된다)

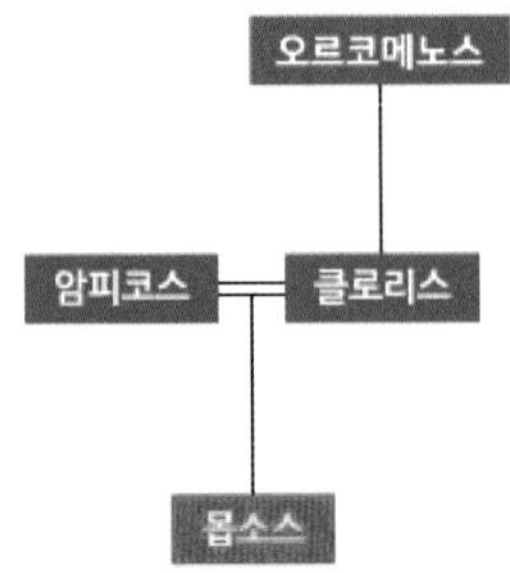

켄타우로스족과 라피타이족의 싸움

테살리아의 왕 페이리토오스는 부테스의 딸 히포다메이아와 결혼하면서 절친한 친구 테세우스와 네스토르를 비롯한 많은 손님들을 초대하였다. 결혼식에는 반인반마의 켄타우로스들도 참석했다.(페이리토오스와 켄타우로스는 모두 라피타이족의 왕 익시온의 자식이다. '페이리토오스' 참조) 그런데 술을 잘 마시지 못하는 켄타우로스들이 잔칫상의 포도주를 너무 많이 마시는 바람에 몹시 취하고 말았다. 술에 취한 켄타우로스들은 신부와 다른 테살리아 처녀들을 겁탈하려다 여의치 않자 여자들을 납치해 가려고 하였다. 하지만 페이리토오스와 라피타이인들은 이를 가만히 지켜보고만 있지 않았고, 켄타우로스들과 라피타이족 사이에 큰 싸움이 벌어졌다.

라피타이족과 켄타우로스족의 싸움
세바스티아노 리치(Sebastiano Ricci), 1715년, 개인 소장

이때 라피타이 진영에는 암피코스의 아들 몹소스도 있었다. 훌륭한 예언자일 뿐만 아니라 뛰어난 전사이기도 했던 몹소스는 창을 던져 켄타우로스족의 사나운 전사 호디테스를 죽였다. 이 싸움은 결국 수많은 켄타우로스들이 라피타이족의 손에 목숨을 잃고서야 끝이 났다. 이 일로 켄타우로스들은 테살리아에서 추방되어 펠로폰네소스로 갔고 싸움에 가담하지 않았던 케이론만이 펠리온 산에 남을 수 있었다.

칼리돈의 멧돼지 사냥

칼리돈의 왕 오이네우스는 추수를 끝마친 다음 모든 신들에게 제물을 바치면서 그만 아르테미스 여신을 깜빡 잊고 말았다. 분노한 여신은 칼리돈에 엄청나게 큰 괴물 멧돼지를 보내 들판을 엉망으로 망가뜨리게 하였고 왕의 아들 멜레아그로스는 멧돼지를 없애기 위해 그리스 전역에서 수많은 영웅들을 불러 모았다. 오이네우스 왕은 9일 동안 성대한 향연을 벌인 뒤 사냥을 시작하였다.

뛰어난 창잡이이기도 했던 몹소스는 이 멧돼지 사냥에도 참가하였다. 그는 사납게 날뛰는 멧돼지를 향해 창을 던지면서 아폴론 신에게 자신의 창이 빗나가지 않게 해달라고 빌었다. 예언자의 수호신인 아폴론은 몹소스의 기도를 들어 주었지만 이를 본 아르테미스가 날아가는 몹소스의 창에서 창날을 뽑아버린 탓에 멧돼지는 아무런 상처도 입지 않았다. 사냥은 결국 멜레아그로스가 멧돼지의 숨통을 끊음으로써 끝이 났지만 상품으로 제시된 멧돼지 가죽을 놓고 참가자들 사이에 다시 커다란 싸움이 벌어졌다.('멜레아그로스' 참조)

아르고호 원정대

몹소스는 아르고호 원정대에 참여한 두 명의 예언자 중 하나였다. 몹소스는 원정대가 돌리오네스족의 왕 키지코스를 실수로 살해한 뒤 더 이상 배를 타고 바다로 나갈 수 없게 되었을 때, 이를 키벨레 여신이 키지코스의 죽음에 대해 분노하고 있기 때문이라고 해석하였다. 결국 원정대는 키벨레 여신께 제물을 바치고 키벨레의 시종들인 코리반테스를 흉내내어 춤까지 추고 나서야 겨우 섬을 떠날 수 있었다.

몹소스는 원정대가 콜키스에서 황금양털을 가지고 돌아오는 길에 리비아의 사막에서 메두사가 흘린 피에서 생겨난 뱀에 물려 죽었다. 아르고호 원정대는 그를 바다에 수장한 다음 나중에 부근에 신전을 세워 주었다.

테살리아의 도시 몹시온이 그의 이름에서 유래하였다고 한다.

무사이 Muses

요약

예술가들에게 영감을 주는 아름다운 여인을 영어로 '뮤즈(Muse)'라고 하는데 그리스어로 뮤즈에 해당하는 단어가 '무사(Mousa)'이고 복수형이 '무사이(Mousai)'이다. 무사이 여신들은 대개 함께 등장하기 때문에 대개 복수형인 무사이로 불린다.

예술과 문학, 학문 등을 관장하며 시인과 예술가들에게 재능을 부여하고 영감을 준다.

기본정보

구분	무사이
상징	예술과 학문의 여신
외국어 표기	그리스어: Μουσαι, 단수형: Μοῦσα(무사)
어원	생각에 잠기다, 명상하다
별칭	뮤즈(Muse, Muses)
관련 신화	오르페우스, 타미리스
가족관계	제우스의 딸, 므네모시네의 딸

인물관계

제우스와 티탄 12신(오케아노스, 코이오스, 크리오스, 이아페토스, 히페리온, 크로노스, 테티스, 포이베, 테이아, 레아, 테미스, 므네모시네) 중 기억의 여신 므네모시네 사이에서 태어난 아홉 자매를 말한다.

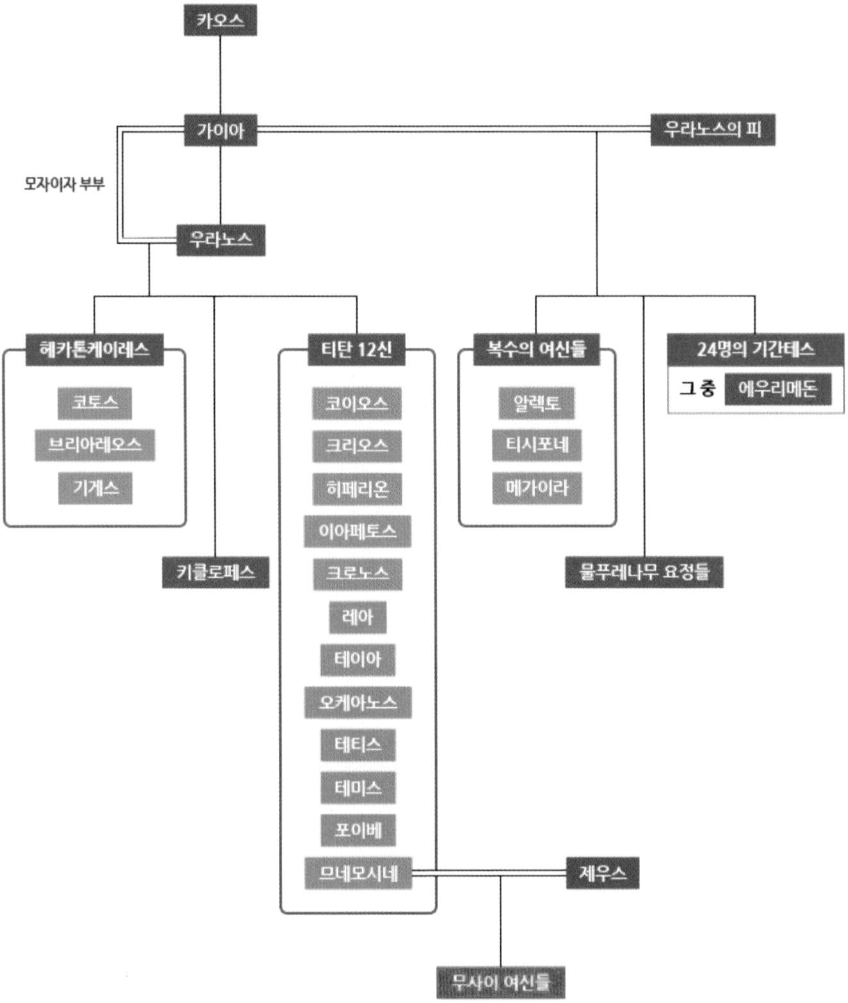

카오스
가이아
우라노스의 피
모자이자 부부
우라노스
헤카톤케이레스
코토스
브리아레오스
기게스
키클로페스
티탄 12신
코이오스
크리오스
히페리온
이아페토스
크로노스
레아
테이아
오케아노스
테티스
테미스
포이베
므네모시네
제우스
무사이 여신들
복수의 여신들
알렉토
티시포네
메가이라
물푸레나무 요정들
24명의 기간테스
그중 에우리메돈

신화이야기

출생

무사이의 출생에 대해서 전하는 내용은 원전에 따라 차이가 나는데 헤시오도스의 『신들의 계보』에 의하면 무사이는 제우스와 기억의 여신 므네모시네 사이에서 태어난 딸들이다.

제우스는 거인들 즉 기간테스에 맞서 싸운 힘든 전쟁에서 승리한 후 승리의 축가를 지어 그 기쁨을 영원히 기억하고자 했다. 그렇게 하기 위해서는 전쟁에 대해 모든 것을 기억하고 있는 기억의 여신 므네모시네가 필요했다. 이에 제우스는 므네모시네와 아흐레 동안 동침했고 바로 여기에서 무사이가 태어난 것이다.

아폴로와 뮤즈
시몽 부에(Simon Vouet), 1640년, 부다페스트 미술관

신들에게는 즐거움을, 인간에게 예술적 재능과 영감을

무사이는 예술의 여신들이며 동시에 모든 것을 기억하여 간직하는 학문의 여신들이기도 하다. 무사이 여신들은 예술의 신이자 태양의 신인 아폴론을 수행하여 신들의 연회에 참여했고 이에 아폴론은 '무사이를 이끄는 자' 즉 무사게테스라는 별칭으로 불리기도 했다. 올림포스 산에서 신들의 연회가 열리면 무사이 여신들은 아폴론이 연주하는 리라소리에 맞춰 노래를 불러 신들에게 즐거움을 주었다. 호메로스가 쓴 『일리아스』는 이에 대해 다음과 같이 전하고 있다.

> "이렇게 그들은 해가 질 때까지 하루 종일 잔치를 즐겼다. 온갖 맛있고 진귀한 음식을 먹으며 아폴론 신이 더할 나위 없이 아름다운 포르밍크스(리라와 비슷한 악기)를 연주하고 무사이 여신들이 돌아가며 아름다운 목소리로 노래하니 모두들 마음에 부족함이 없었다."

뮤즈들의 숲에 있는 미네르바
자크 스텔라(Jacques Stella), 1640~1645년, 루브르 박물관

신들에게 즐거움을 주는 무사이 여신들은 인간들에게는 예술적 재능과 영감을 주었다. 문자가 없던 고대 그리스 시대에는 노래를 통해 이야기를 전해 주는 음유시인들의 작업이 기억력과 밀접한 관계가 있었는데 무사이 여신들이 바로 예술가의 기억력을 일깨워주는 역할을 했다. 그렇기 때문에 고대 그리스 예술가들은 예술적 영감과 재능을 무사이 여신들로부터 받았다고 생각했다. 헤시오도스는 『신들의 계보』에서 무사이 여신들에 대한 찬미로부터 시작하면서 자신이 이 작품을 쓸 수 있는 것은 바로 무사이 여신들이 자신에게 시인의 재능과 영감을 주기 때문이라고 고백한다. 무사이 여신들이 자신에게 신적인 목소리를 주고 아름다운 노래를 가르쳐 주었기 때문에 그가 과거의 일과 미래의 일을 찬양할 수 있게 했다고 전하고 있다.

이처럼 고대 그리스 문학 작품들에서 무사이 여신들은 중요한 의미를 지니고 있으며 대부분의 작품들이 무사이 여신을 불러내는 것으로 시작한다. 예를 들어 호메로스의 작품 『일리아스』는 "노래하라 (무사) 여신이여, 펠레우스의 아들 아킬레우스의 분노를 … "로 시작하며 그의 또 다른 작품 『오디세이아』도 "들려주소서 무사 여신이여! 트로이의 성스러운 도시를 파괴한 뒤 멀리까지 방랑했던 임기응변이 뛰어난 그 사람의 이야기를 … "로 시작한다.

무사이에 도전한 인간들

인간에게 예술적 재능을 부여하는 존재는 신이기 때문에 신은 인간에게 경쟁의 상대가 될 수 없는 일! 그런데 신들에게 특히 무사이 여신들에게 도전한 인간들이 있었는데 그 대표적인 예가 트라케의 음유시인 타미리스였다. 『일리아스』는 무사이 여신들이 자신들에게 도전한 타미리스에게 이기자 타미리스를 "장님이 되게 하고 신이 부르는 것과 같은 노래를 빼앗고 리라를 연주하는 재주를 기억하게 못하게 만들었다."고 전하고 있다. 그리고 『변신이야기』는 무사이 여신들이 노래 시합을 하자고 도전한 피에로스의 딸들을 까치로 변하게 한 이야기를 전하고 있다.

아홉 명의 무사이

무사이의 숫자도 원전에 따라 차이가 나는데 처음에는 세 명이었다가 점차적으로 아홉 명까지 늘어나게 되었다. 『신들의 계보』는 아홉 명의 무사이를 하나하나 이름까지 거명하고 있다.

학문과 예술을 관장하던 무사이는 처음에는 그 역할이 개별적으로 정해지지 않았고 로마 시대에 들어와서야 무사이 하나하나에게 특정한 역할이 지정되었는데 개별적인 역할 또한 원전에 따라 약간씩 차이가 난다. 로마 시대에 만들어진 석관에는 아홉 명의 무사이가 자신이 주관하는 분야를 상징하는 물건과 함께 조각되어 있다.

무사이의 후손들: 오르페우스와 히아킨토스

오르페우스는 타고난 아름다운 목소리와 뛰어난 연주 솜씨로 인류 역사상 최고의 음악가라고 할 수 있을 것이다. 그가 악기를 연주하며 노래를 부르면 바위들까지도 감명을 받았다고 한다.

뮤즈들의 석관

150년경, 루브르 박물관 소장

왼쪽부터 설명하면, 대개는 나팔과 물시계를 들고 다니는데 여기서는 책을 들고 있는 역사 담당의 클레이오, 웃는 가면을 들고 있는 희극 담당의 탈리아, 연가를 담당하는 에라토, 플루트를 들고 있는 서정시의 여긴 에우테르페, 골똘히 생각에 잠겨있는 찬가와 무언극의 여신 폴리힘니아, 월계관과 책을 들고 있는 서사시의 여신 칼리오페, 리라를 들고 있는 가무의 여신 테르프시코레, 지구의 및 나침반과 함께 있는 천문의 여신 우라니아 그리고 마지막으로 슬픈 가면을 쓰고 있는 비극의 무사 멜포메네이다.

오르페우스는 무사이 여신들의 우두머리이자 서사시를 담당한 칼리오페의 아들이었다. 오르페우스가 광기에 휩싸인 여자들에 의해 몸이 갈기갈기 찢겨 죽임을 당하자 무사이 여신들은 그의 몸 조각들을 모아 묻어주고 그의 리라를 별자리로 만들어 주었다.

한편 수려한 용모로 유명한 히아킨토스는 역사를 담당하는 무사 클레이오의 아들로 아폴론의 사랑을 받았다. 그런데 그는 아폴론이 던진 원반에 맞고 숨을 거두었다.('히아킨토스' 참조) 인류 역사상 남자를 사랑한 최초의 남자로 기록되어 있는 천재 음악가 타미리스, 그가 사랑한 남자도 히아킨토스였다.

뮤지엄과 뮤직

인류의 문화유산과 지적 산물을 그대로 기억하여 간직하는 장소인 박물관, 영어로 뮤지엄(museum)은 무사이 여신이 거하는 집 즉 무사이 여신들을 모시는 신전을 뜻하는 고대 그리스어로부터 유래했다. 그리고 음악(music)도 무사이 여신으로부터 유래한 단어이다.

무사이오스 Musaeus

요약

그리스 신화에 나오는 노래와 시의 명인으로, '남자 무사이'라는 뜻을 지닌 이름에서도 알 수 있듯이 그는 무사이 여신들의 특징과 능력이 고스란히 개인에게 부여된 순전히 신화적인 인물이다. 오르페우스와 자주 비교되어 그의 제자, 스승, 추종자, 친구 등으로 이야기된다.

기본정보

구분	신화 속 인물
상징	음악가, 시인, 예술가
외국어 표기	그리스어: Μουσαῖος
어원	남자 무사이, 가수
관련 신화	오르페우스, 엘레우시스 비교

인물관계

무사이오스는 다성부 노래를 처음으로 만들었다고 알려진 안티페모스의 아들이라고도 하고, 엘레우시스 비교의 창시자 중 한 명으로 알려진 에우몰포스의 아들이라고도 한다. 그의 어머니는 지상의 마법을 지배하는 달의 여신 셀레네라고 한다. 셀레네는 엘레우시스 비교에서도 중요한 역할을 한다.

그의 아내는 엘레우시스 비교에서 데메테르 여신을 모시는 여사제인 다이오페(혹은 안티오페)라고 하며, 에우몰포스는 무사이오스의 아버지가 아니라 그와 다이오페 사이에서 난 아들이라는 이야기도 있다. 호메로스도 그의 후손이라는 이야기도 있다.

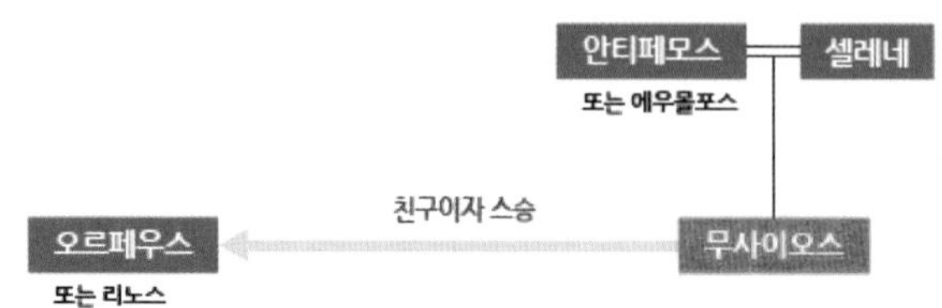

신화이야기

무사이오스와 무사이

그리스 신화에서 무사이오스는 무사이 여신들의 특성과 능력이 개인에게 부여된 순전히 신화적인 인물이다. 이것은 '남자 무사이'라는 뜻을 지닌 그의 이름에서도 나타난다. 따라서 무사이오스에 관한 이야기는 대개 무사이 숭배와 연관된 지역에서 발견된다.

무사이오스와 오르페우스

무사이오스는 오르페우스와 자주 비교된다. 주로 그의 제자, 추종자, 친구, 스승 등으로 언급되지만 숫제 그의 분신으로 묘사되기도 한다. 무사이오스는 오르페우스가 죽은 뒤 그의 리라를 물려받은 인물이라고도 하며 오르페우스가 아니라 그와 함께 음악의 신으로 불리는 리노스의 제자였다는 이야기도 있다.

고대의 시에서 많이 쓰인 장단단격(닥틸) 리듬의 운율이 그의 발명품이며 북풍 보레아스로부터 날개를 선물 받아 자유롭게 날아다닐 수 있었다고도 한다.

무사이오스와 엘레우시스 비교

무사이오스는 종종 아티카 지역의 엘레우시스 비교와 연결지어 언급되었으며 예언자로서 신탁을 말하는 역할이 주어지기도 했다. 또 그의 노래에는 병을 낫게 하는 마력이 있었다고 한다.

파우사니아스에 따르면 그의 무덤에 제물을 올리면 병이 낫는다는 믿음이 퍼져 있었기 때문에 그의 시대에도 많은 이들이 무사이오스를 숭배의 대상으로 삼았다고 한다.

무사이오스의 출신

그의 출신에 대해서도 여러 가지 이야기가 있다.

무사이오스는 아테네의 무사이 언덕(지금의 필로파포스 언덕)에서 노래 부르던 아테네인으로, 나이가 들어 죽은 뒤 자신이 늘 노래 부르던 무사이 언덕에 묻혔다고 한다. 하지만 그는 엘레우시스 출신으로 엘레우시스에 살았으며 엘레우시스 비교의 제사장이었다는 이야기도 있고 오르페우스와 마찬가지로 트라키아인이라는 이야기도 있다.

므네모시네 Mnemosyne

요약

티탄 신족 중 하나로 기억의 여신이다.

추상적 개념 '기억'이 인격화된 존재로 '망각'이 인격화된 레테와 대립쌍을 이룬다.

기본정보

구분	개념이 의인화된 신
상징	기억, 지식
외국어 표기	그리스어: **Μνημοσύνη**
어원	기억
가족관계	우라노스의 딸, 가이아의 딸, 제우스의 아내, 무사이의 어머니

인물관계

므네모시네는 우라노스와 가이아의 딸로 티탄 신족에 속하며 제우스와 사이에서 아홉 명의 딸 무사이(뮤즈)를 낳았다.

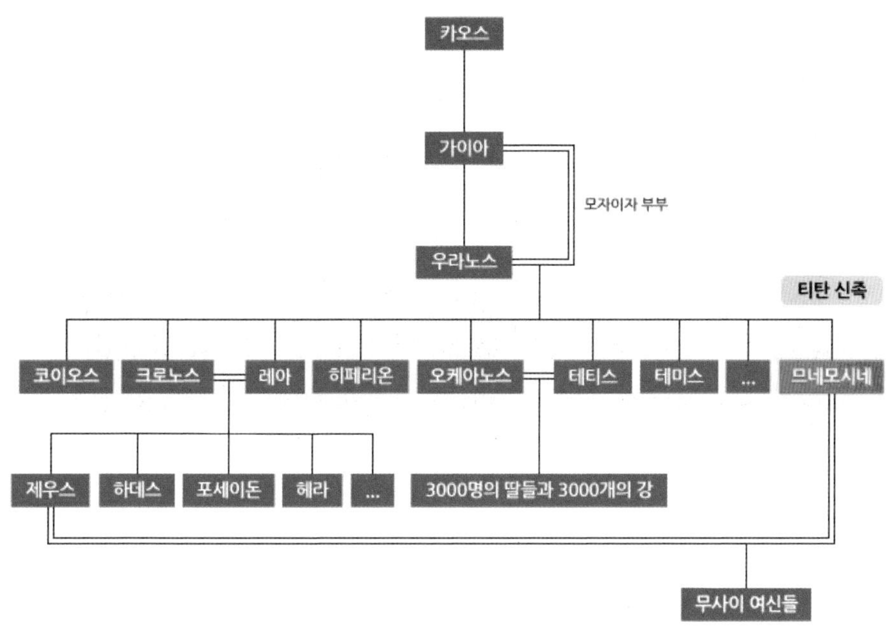

신화이야기

무사(뮤즈) 여신들의 어머니

『신들의 계보』에 따르면 므네모시네는 우라노스와 가이아의 딸로 크로노스, 오케아노스, 코이오스, 레아, 테티스, 포이베 등과 형제간이다. 므네모시네는 티탄족에 속하는 신이지만 제우스를 필두로 한 올림포스 신족과 티탄 신족 사이에 전쟁이 벌어졌을 때 제우스 편에 섰다.

나중에 므네모시네는 올림포스 산 동쪽 피에리아에서 제우스와 9일 밤낮을 관계하여 아홉 명의 무사이(무사의 복수형)를 낳았다. 아홉 명의 무사이는 음악, 미술, 문학, 철학, 역사 등 광범위한 지적 활동을 관장하는 여신들로 시인, 음악가, 미술가 등에게 영감을 불어넣어 준다.

더 오래된 출전에 따르면 므네모시네가 낳은 무사이는 세 명이었다. 어머니의 이름 므네모시네의 복수형인 '므네이아이'라고 불리기도 했

아폴론과 아홉 뮤즈
안톤 라파엘 멩스(Anton Raphael Mengs), 18세기 중반, 에르미타시 미술관

던 이 세 명의 무사이는 모두 기억과 관련된 비슷한 속성을 지니고 있었다.

레테와 므네모시네

하계에는 므네모시네의 이름을 딴 기억의 강이 흐르는데 죽어서 저승에 간 망자가 환생할 때 레테 강물을 마시면 전생의 기억을 모두 잃지만 므네모시네 강물을 마시면 전생의 기억이 되살아난다고 한다.

또 보이오티아의 레바데아에 있는 트로포니오스의 신전 앞에는 레테(망각)와 므네모시네(기억)라는 두 개의 샘물이 흐르는데, 이 신전에 신탁을 구하러 온 사람은 두 샘물을 차례로 마셔서 이전의 기억을 지우고 신탁을 잊지 않도록 했다.

신화해설

므네모시네는 기억의 여신으로 기억력에 의해 이루어지는 모든 지적 활동에 관여한다. 므네모시네의 자식으로 예술과 학문을 관장하는 무사이 여신들은 초기에 세 명이었던 것이 인간의 지적 활동 범위가 늘어남에 따라 일곱이 되었다가 다시 아홉으로 늘어난다. 더 후대로 가면 무사이 여신들의 영역이 구체적으로 확정되는데 예를 들면 칼리오페는 서사시, 클레이오는 역사, 에우테르페는 서정시, 탈레이아는 희극, 멜포메네는 비극, 테르프시코레는 합창가무, 에라토는 독창가, 폴리힘니아는 찬가, 우라니아는 천문을 담당하는 식이다. 무사이 여신들이 기억의 여신 므네모시네가 낳은 딸들이란 점을 생각하면 이 모든 영역의 지적 활동이 기억 능력을 토대로 이루어지고 있는 셈이다.

므네모시네
단테 가브리엘 로세티(Dante Gabriel Rossetti), 1876~1881년
델라웨어 미술관

이렇게 볼 때 오늘날 컴퓨터가 인간의 기억 능력을 빠르게 대체하고 있는 현실에 대해 세계적인 IT 전문가 니콜라스 카(Nicholas Carr)가 한 다음과 같은 경고는 되새겨 볼 만하다. "오늘날 기억은 신성함을 잃었을 뿐 아니라 인격의 상실이라는 길로 가고 있다. 그리스 신화의 기억의 여신 므네모시네는 이제 기계가 되었다."

미노스 Minos

요약

크레타 섬의 전설적인 왕이다.

명장(名匠) 다이달로스에게 유명한 미궁(迷宮)을 만들게 하였다. 막강한 크레타의 함대를 이끌고 아테네를 정복하였고 조공으로 보내온 아테네의 젊은이들을 반인반수의 괴물 미노타우로스에게 인신 제물로 바쳤다.

기본정보

구분	크레타의 왕
상징	입법자, 심판관
외국어 표기	그리스어: Μίνως
관련 신화	다이달로스의 미궁, 테세우스의 모험
관련 동식물	황소, 뱀
가족관계	제우스의 아들, 에우로페의 아들, 파시파에의 남편, 아리아드네의 아버지

인물관계

미노스는 제우스와 에우로페 사이에서 난 아들로 사르페돈과 라다만티스와 형제지간이다. 태양신 헬리오스의 딸 파시파에와 결혼하여 글라우코스, 데우칼리온, 안드로게오스, 파이드라, 아리아드네 등의 자녀를 낳았다.

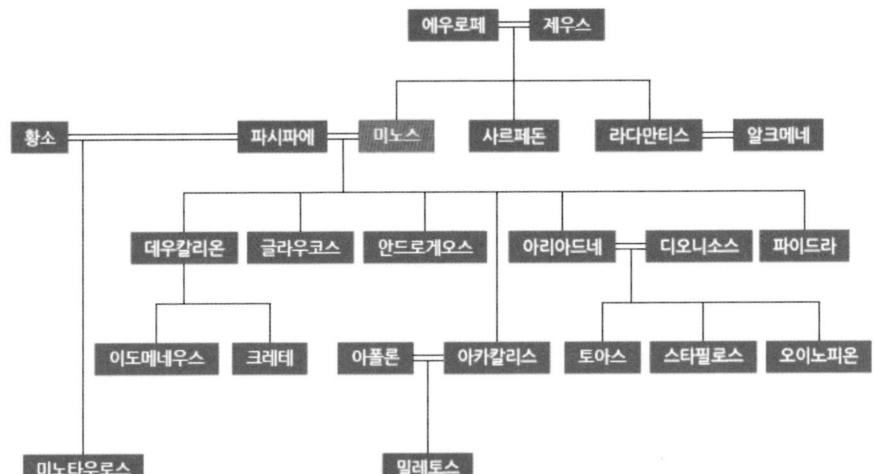

신화이야기

개요

미노스는 제우스와 에우로페 사이에서 난 아들로 사르페돈과 라다만티스와 형제지간이다. 에우로페는 나중에 크레타의 왕 아스테리오스와 결혼했고 미노스와 형제들은 아스테리오스의 슬하에서 의붓아들로 자랐다. 아스테리오스의 사후에 미노스가 사르페돈과 라다만티스를 제치고 크레타의 왕위에 오르며, 그리스 최초의 함대를 만들어 에게 해 대부분을 장악하는 강력한 군주가 된다.

그는 태양신 헬리오스의 딸 파시파에와 결혼하여 글라우코스, 데우칼리온, 안드로게오스, 파이드라, 아리아드네 등의 자녀를 낳았다.

미노스라는 이름이 고유명사인지 아니면 왕을 가리키는 크레타어 일반명사인지는 분명하지 않다. 학자들은 미노스가 고대 이집트의 왕 메네스, 독일의 마누스, 인도의 마누 등과 비슷한 어원에서 나왔을 것으로 추정한다.

미노스와 황소

아스테리오스 왕이 죽고 난 뒤 미노스와 다른 형제들 사이에서는 크레타의 왕위 계승 문제를 놓고 다툼이 벌어진다. 그러자 미노스는 신들이 자신에게 왕국을 맡겼다고 주장하면서 그 증거로 자신이 기도를 올리면 바다의 신 포세이돈이 제물로 바칠 황소를 직접 보내 줄 것이라고 말했다. 미노스의 기도를 들은 포세이돈은 정말로 흰 황소를 보내 주었고 미노스는 형제들을 물리치고 크레타의 왕이 되었다.

그런데 미노스는 너무나 훌륭하고 아름다운 이 황소가 탐이 나서 약속대로 포세이돈에게 바치지 않고 종자를 퍼뜨릴 요량으로 자신의 축사에 가두고 대신 다른 황소를 제물로 바쳤다. 이에 포세이돈이 크게 분노하여 미노스 왕의 왕비 파시파에를 그 황소에게 미칠 듯이 반하게 만들었다. 황소에 대한 욕정을 억누를 길이 없었던 파시파에 왕비는 다이달로스에게 은밀히 목조 암소를 만들게 하고는 그 속에 자신이 들어가서 황소와 사랑을 나누었다. 파시파에와 황소 사이에서 태어난 것이 몸은 인간이고 머리는 황소인 반인반수의 괴물 미노타우로스다. 그러자 미노스 왕은 다시 다이달로스에게 이 위험하고 사나운 식인 괴수를 가두어 둘 곳을 만들라고 명령했고, 다이달로스는 들어가고 나오는 입구는 하나지만 안으로 들어가면 수많은 통로가 거미줄처럼 얽혀 있어서 다시는 밖으로 나올 수 없는 미궁(迷宮) 라비린토스를 만들어 바쳤다.

미노스의 아테네 공략

크레타의 왕위에 오른 미노스는 강력한 함대를 만들어 주변의 섬들을 모두 휘하에 거느리는 해양 지배권을 구축했다. 그런 다음 미노스 왕은 아테네 원정에 나선다. 아테네 공략의 빌미는 아들 안드로게오스가 아테네의 마라톤 들판에서 날뛰는 황소를 잡으려다 그 뿔에 찔려 죽은 사건이었다. 포세이돈이 미노스에게 보낸 바로 그 황소였는데

크레타 섬에 있는 미노스의 궁

안드로게오스를 마라톤으로 보낸 사람이 아테네의 왕 아이게우스였던 것이다.

미노스 왕은 아테네에 앞서 먼저 아이게우스의 동생 니소스가 다스리는 메가라를 공격했다. 그런데 미노스는 메가라를 포위하고 공격한 지 반년이 지나도록 그곳을 점령하지 못한다. 니소스 왕의 머리에 자라나 있는 자주색 머리카락 한 올 때문이었다. 예언에 따르면 그 머리카락이 니소스 왕의 머리에 붙어 있는 한 메가라는 난공불락이라고 했다. 하지만 성벽 위에서 크레타군을 바라보다가 미노스 왕의 풍모에 반해 버린 니소스 왕의 딸 스킬라가 아버지의 자주색 머리카락을 잘라 버리는 바람에 메가라는 크레타군에게 함락되고 만다. 그런데 이에 대한 미노스의 보답은 잔혹했다. 그는 사랑에 눈이 멀어 아버지와 조국을 배신한 스킬라를 사악한 계집이라고 욕하며 바다에 던져 버렸다.

아테네는 메가라보다도 공략하기가 더 힘들었다. 결국 미노스는 아버지 제우스에게 기도를 올렸고 제우스는 아들의 소원을 들어주어 아테네에 역병이 돌게 하였다. 크레타군의 오랜 포위로 기아에 시달리는데다 역병까지 돌사 아테네인들은 더 이상 저항하지 못하고 항복하였고, 미노스는 아테네에 해마다(혹은 9년마다) 젊은 청년과 처녀를 일곱 명씩 조공으로 바치도록 요구하였다.

미노타우로스와 미궁 라비린토스

아테네에서 공물로 바친 젊은이들은 식인 괴수 미노타우로스가 살고 있는 미궁 라비린토스 안으로 들여보내져 그의 먹이가 되었다. 이 끔찍한 희생 의식을 끝맺은 이는 아이게우스 왕의 아들 테세우스였다. 테세우스는 자신이 직접 공물이 되어 미궁 안으로 들어가 미노타우로스를 죽였다. 다이달로스가 만든 미궁은 일단 들어가면 아무도 다시 나올 수 없는 곳이지만 테세우스는 미노스 왕의 딸 아리아드네가 몰래 건네준 실뭉치 덕분에 다시 나올 수 있었다. 그리고 아리아드네에게 그 방법을 일러준 이는 다이달로스였다. 테세우스는 아테네로 돌아가는 길에 공주를 데려갔다.

분노한 미노스 왕은 다이달로스와 그의 아들 이카로스를 미궁에 가두어 버렸다. 다이달로스는 빠져 나가려면 하늘을 날아가는 방법밖에 없다는 것을 알고는 깃털과 밀랍을 이용해서 자신과 아들의 몸에 날개를 만들어 붙이고 그곳을 도망쳤다. 하지만 태양에 너무 가까이 가지 말라는 아버지의 경고를 무시하고 비행에 도취하여 하늘 높이 날아오른 이카로스는 깃털을 붙인 밀랍이 태양열에 녹아 버리는 바람에 바다로 추락하여 죽고 말았다. 다이달로스는 슬픔에 잠겨 아들의 시체를 수습하고는 계속해서 시칠리아로 날아가서 코칼로스 왕에게 몸을 의탁했다.('다이달로스' 참조)

소라껍질에 실을 꿰는 문제를 내어 다이달로스의 거처를 알아낸 미노스 왕은 군대를 이끌고 시칠리아로 직접 가서 코칼로스 왕에게 다이달로스의 인도를 요구했다. 하지만 다이달로스에게 난공불락의 성을 짓도록 하고 있던 코칼로스 왕은 거짓으로 요구를 수락하는 척하면서 두 팔을 벌리고 미노스 왕을 자신의 궁으로 맞아들였다. 그리고 나서 자신의 세 딸로 하여금 미노스 왕의 목욕 수발을 들게 하고는 욕조에 아무도 모르게 펄펄 끓는 물이 흘러들게 하여 미노스 왕을 살해하였다.

그로부터 오랜 세월이 흐른 뒤에 아크라가스의 참주 테론이 미노스 왕의 유해를 발굴하여 다시 크레타 섬으로 가져왔다고 한다.

미노스의 애정 행각

미노스 왕은 숱한 애정 행각으로도 유명했으며 일설에 의하면 남색의 풍습도 그에게서 유래했다고 한다. 크레타에서 가니메데스를 납치한 것도 실은 제우스가 아니라 미노스였다고 전해진다.

그는 님페 브리토마르티스를 사랑해서 쫓아다녔는데 브리토마르티스는 제우스의 딸이었으므로 미노스에게는 이복동생이 된다. 크레타 섬에서 9달 동안이나 미노스의 구애를 피해 도망 다니던 브리토마르티스는 산꼭대기에 이르러 더 이상 도망칠 곳이 없자 절벽에서 바다로 몸을 던진다. 그런데 다행히 어부의 그물에 걸려 목숨을 구했고 그녀의 정절을 높이 산 아르테미스 여신에 의해 불사의 여신이 되었다.

남편의 숱한 애정 행각에 몹시 화가 난 파시파에 왕비는 그에게 마법을 걸어 왕이 여인을 안을 때마다 그의 몸에서 뱀과 전갈이 나와 여인을 잡아먹게 하였다. 하지만 그때 마침 프로크리스가 남편 케팔로스와 심하게 다투고 크레타 섬으로 와서 미노스 왕의 고통을 치료해 주었고, 왕은 그 답례로 던지면 절대로 빗나가는 법이 없는 창과 불사의 사냥개 라일라프스를 프로크리스에게 선물했다.

다른 이야기에 의하면 프로크리스는 미노스 왕과 아무 위험 없이 잠자리를 할 수 있는 유일한 상대였다고 한다. 그녀는 마법이 효력을 발휘하지 못하게 하는 '키르케의 뿌리'를 몸에 지니고 있었기 때문이다.('프로크리스' 참조)

하데스 나라의 미노스

9년마다 이데 산으로 불러서 통치술을 가르쳐 준 아버지 제우스 덕분에 그 누구보다도 지혜로운 군주이자 입법자로 이름을 떨쳤던 미노스 왕은 죽어서 하데스의 나라에 가서도 망자들을 심판하는 자리에 앉았다. 그 밖에 그의 형제 라디만티스와 이복형제 아이아코스도 저승의 심판관 자리에 올랐다고 한다.

심판석에 앉은 미노스
귀스타프 도레(Gustave Dore), 1861~1865년
단테 『신곡』의 지옥편에 따른 삽화

신화해설

기원전 3,000년경 크레타 섬을 중심으로 에게 해 일대에는 고도로 발달한 청동기 문명이 있었다. 특히 크레타는 전설적인 왕 미노스의 치세 때 강력한 왕권을 바탕으로 번영을 누렸으며 그 세력은 에게 해 전역에 뻗치고 있었다. 오늘날 크레타 문명을 미노아 문명이라고 부르는 것도 바로 미노스 왕때 크레타 문명이 전성기를 이루었기 때문이다. 미노스 왕의 신화에는 이 같은 역사적 배경이 곳곳에 스며들어 있다. 가령 너무나 크고 으리으리해서 안에서 길을 잃을 정도인 궁전 라비린토스며, 지혜로운 입법자이자 심판관으로서의 명성이며, 아테네와 시칠리아까지 위력을 떨친 군사력 등은 당시 크레타 섬을 중심으로 발달된 문명이 펼쳐지고 있었음을 암시한다.

미노타우로스 Minotaurus

요약

크레타 왕 미노스의 아내 파시파에는 포세이돈이 보내준 아름다운 황소에 욕정을 느끼게 된다. 마침 크레타 섬에 머물던 다이달로스가 파시파에 왕비의 부탁으로 실제와 똑같은 암소를 만들어 주어 왕비는 그 안에 들어가 황소와 관계를 맺는다. 이 관계를 통해 반은 소이고 반은 인간인 괴물 미노타우로스가 태어났다. 황소의 머리와 인간의 몸을 가진 괴물 미노타우로스는 후에 테세우스에게 처단된다.

기본정보

구분	괴물
상징	소, 잘못된 욕정
외국어 표기	그리스어: Μινωταυρος
어원	미노스의 황소
별칭	미노타우르(Minotaur)
관련 상징	반인반수의 괴물
관련 신화	파시파에, 미노스, 테세우스
가족관계	파시파에의 자식

인물관계

미노타우로스는 크레타 왕 미노스의 아내 파시파에의 자식이다. 『신들의 계보』에 의하면 파시파에는 태양신 헬리오스와 페르세이스 사이에서 태어난 딸이다.

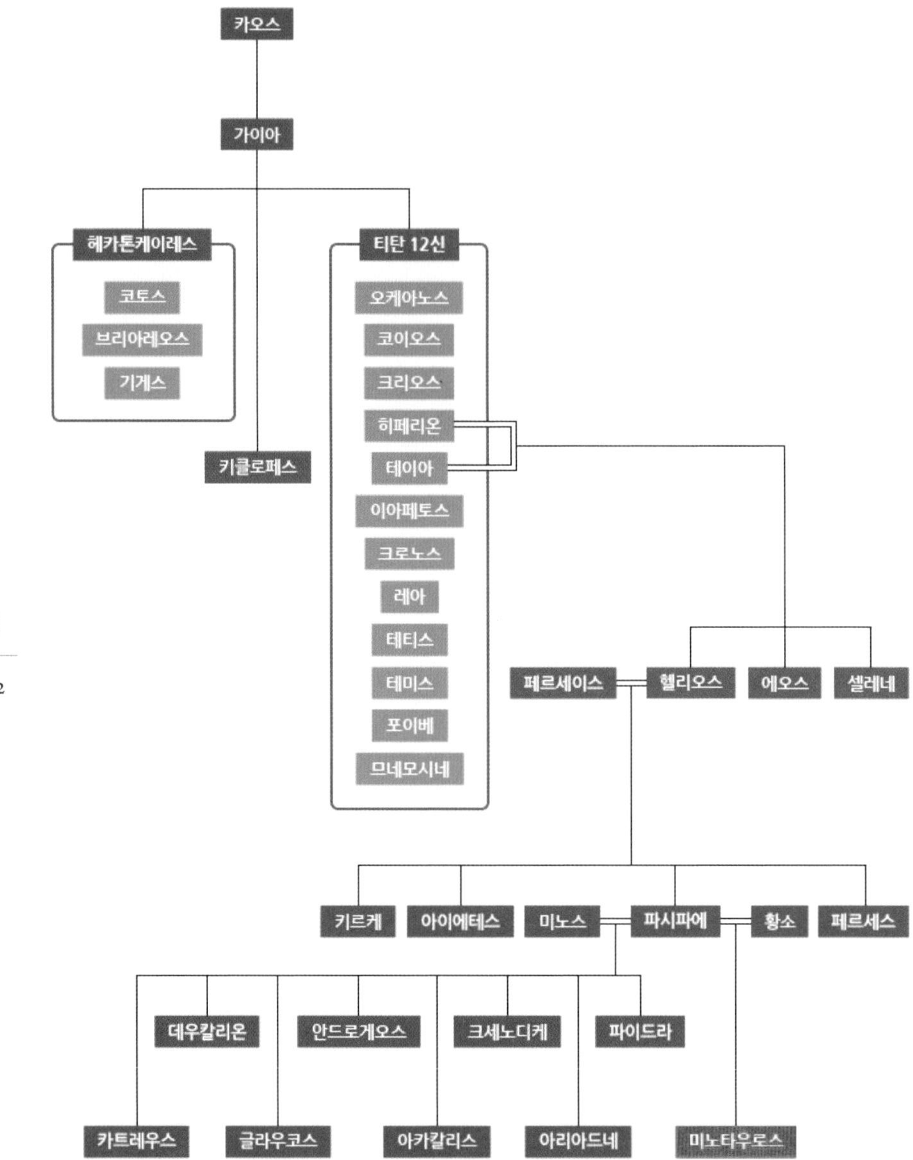
카오스
가이아
헤카톤케이레스
코토스
브리아레오스
기게스
키클로페스
티탄 12신
오케아노스
코이오스
크리오스
히페리온
테이아
이아페토스
크로노스
레아
테티스
테미스
포이베
므네모시네
페르세이스
헬리오스
에오스
셀레네
키르케
아이에테스
미노스
파시파에
황소
페르세스
데우칼리온
안드로게오스
크세노디케
파이드라
카트레우스
글라우코스
아카칼리스
아리아드네
미노타우로스

신화이야기

출생

파시파에는 태양신 헬리오스의 딸이고 미노스의 아내이다. 미노스는 왕위 계승을 두고 형제들과 싸우던 중 포세이돈의 도움으로 왕이 된다. 그는 백성들에게 자신이 왕권을 부여받았다고 주장하면서 그 증거로 자신이 기구하는 것은 무엇이든 이루어진다고 말했다. 미노스는 이를 입증하기 위해 포세이돈에게 깊은 바다에서 황소를 한 마리를 보내달라고 간청한다. 미노스가 간청한대로 포세이돈은 멋있는 황소를 보내주고 이에 미노스는 왕이 된다. 그러나 미노스는 왕이 된 후 황소를 다시 포세이돈에게 제물로 바치겠다는 약속을 지키지 않는다. 이에 포세이돈이 파시파에로 하여금 그 황소에게 감당할 수 없는 욕정을 느끼게 했다고 한다.

파시파에와 미노타우로스
아티카 적회식 술잔, 파리 메달박물관

포세이돈의 저주로 기이한 욕정을 느끼게 된 파시파에는 마침 크레타 섬에 머물던 다이달로스에게 도움을 청하고, 이에 다이달로스는 왕비에게 속이 비어 있는 실물과 똑같은 암소를 만들어 주었다. 파시파에는 이 암소 안으로 들어가 황소와 관계를 맺었고 이 이상한 관계에서 반은 인간이고 반은 소인 괴물 미노타우로스가 태어난 것이다.

미궁

크레타의 왕 미노스에게 미노타우로스는 애물단지였다. 아내 파시파에가 부정한 관계를 맺어 생긴 자식이고 게다가 흉측스러운 괴물이지 않은가. 그러나 아내는 엄연한 왕비이고 게다가 태양신 헬리오스의 딸이니 미노스는 미노타우로스를 마음대로 처단할 수도 없다. 『비블리오테케』에 의하면 미노스는 "신탁에 따라" 미노타우로스를 미궁에 가두고 감시하게 한다. 건축과 공예의 달인인 다이달로스가 만든 이 미궁은 통로를 찾을 수 없도록 수많은 미로를 곳곳에 두어 한 번 들어온 사람은 결코 살아서 나갈 수 없도록 설계되어 있다.

미노타우로스의 죽음과 테세우스

미노스는 미노타우로스를 미궁에 가두고 먹이를 주는데 이 먹이는 바로 아테네에서 9년마다(『변신이야기』에 의하면 9년이지만 3년이라는 이야기도 있고 7년이라는 이야기도 있다) 공물로 바치는 각각 일곱 명의 처녀 총각들이다. 그런데 세 번째 공물을 바칠 때 아테네의 왕자 테세우스가 미노타우로스를 처단하기 위해 희생 제물이 되기를 자원하여 크레타로 간다. 그런데 크레타의 공주 아리아드네가 테세우스를 사랑하게 되어 그에게 실뭉치를 주면서 미궁에서 빠져나갈 수 있는 방법을 가르쳐 준다. 그리하여 테세우스는 아리아드네가 알려준대로 문에 실을 매고 실뭉치를 풀면서

테세우스와 미노타우로스

미상, 1500~1525년, 카소니 캄파냐의 장인(Maitre des Cassoni Campana), 프랑스 아비뇽 프티팔레 미술관

: 앞의 여인들은 테세우스의 처 아리아드네와 후처 파이드라

안으로 들어갔다. 미궁의 가장 안쪽에 있던 미노타우로스는 결국 테세우스에 의해 죽임을 당하고, 미노타우로스를 처단한 후 테세우스는 풀어놓았던 실을 당기며 밖으로 나와 무사히 미궁을 탈출했다.

미노타우로스의 어머니 파시파에

파시파에의 조카인 메데이아는 신비스러운 약초를 다루는 마법에 능했다고 하는데 파시파에 또한 마법에 능했다고 한다. 미노스 왕은 파시파에 몰래 여러 여인들과 관계를 맺었는데 『비블리오테케』에 의하면 질투심과 소유욕이 강한 파시파에는 미노스가 다른 여인들과 동침을 할 때마다 마법을 걸어 미노스의 몸에서 뱀이나 전갈을 나오게 해서 그 여인들을 죽게 했다고 한다. 에레크테우스 왕의 딸인 프로크리스만이 미노스와 무사하게 동침을 했다고 한다. 그녀는 약초 뿌리로 만든 음료를 먹여 미노스를 치료해 주었다.('프로크리스' 참조)

미니아데스 Minyades

요약

그리스 신화에 등장하는 보이오티아 지방 오르코메노스의 왕 미니아스의 세 딸들이다. 디오니소스에 대한 숭배를 거부한 벌로 광기에 사로잡혀 어린 자식을 죽이고 야행성 새로 변하였다.

기본정보

구분	공주
상징	신성모독
외국어 표기	그리스어: Μινυάδες
어원	미니아스의 딸들
별칭	미니아스(Minyads)
관련 신화	디오니소스 숭배
관련 상징	베틀
관련 동식물	박쥐, 올빼미, 부엉이

인물관계

미니아데스라 불리는 세 자매 알카토에, 레우키페, 아르시페는 포세이돈의 후손으로 알려진 미니아스와 히페르파스의 딸 에우리아나사 사이에서 태어난 딸들이다.

- 포세이돈 = 크리소게네이아
  - 크리세스
    - 미니아스 = 에우리아나사
      - 오르코메노스
      - 미니아데스
        - 레우키페
          - 히파소스
        - 아르시페
        - 알카토에
      - 아라이티레아 = 디오니소스
        - 플리아스
      - 클리메네 = 필라코스
        - 알키메데 = 아이손
          - 이아손

신화이야기

그리스 신화에는 소아시아에서 건너온 디오니소스 숭배 의식을 거부하였다가 벌을 받은 그리스인들에 관한 일화들이 곳곳에서 눈에 띈다. 미니아데스의 신화는 디오니소스 숭배가 보이오티아 지방에 전파될 때의 이야기다.

박쥐, 올빼미, 부엉이로 변한 미니아데스

보이오티아에 디오니소스 숭배가 전해지자 오르코메노스의 여자들은 모두 마이나데스(디오니소스의 추종자)가 되어 광란의 춤을 추며 숲과 들판을 누비고 다녔다. 그런데 미니아스 왕의 세 딸들은 밖으로 나가려 하지 않고 집안에서 실을 잣고 옷감을 짰다. 이를 본 디오니소스는 젊은 처녀의 모습으로 변신하고 그녀들 앞에 나타나 신에 대한 무관심을 책망하며 함께 숭배의식에 참여하자고 권했다. 하지만 미니아

박쥐로 변하는 알카토에와 자매들
고프리드 메이(Godfried Maes), 1664~1700년, 오비디우스 『변신이야기』의 삽화

데스 자매는 콧방귀도 뀌지 않았다. 그러자 화가 난 디오니소스는 그녀들이 보는 앞에서 황소, 표범, 사자로 모습을 바꾸며 분노를 드러냈다. 그뿐만이 아니었다. 베틀에서 포도나무가 자라나고 실은 넝쿨로 변하더니 곧 젖과 술이 흘러나오기 시작했다. 또 방안에 연기가 피어오르고 기이한 불빛이 번쩍이더니 야수들의 울음소리와 북과 피리 소리가 울려 퍼졌다. 사람들이 요란하게 떠들어대는 소리도 들려왔지만 눈에 보이지는 않았다.

겁에 질린 세 자매는 갑자기 광기에 사로잡혀 날뛰기 시작했다. 그러더니 자매 중에 레우키페의 어린 아들 히파소스를 노루 새끼로 여기고 붙잡아서 갈가리 찢어 죽이고는 그 길로 산으로 들어가 미친 듯이 사방을 헤매고 다녔다. 이를 본 헤르메스 신은 자매를 불쌍히 여겨 박쥐와 올빼미와 부엉이로 만들어버렸다. 이 새들은 밝은 대낮을 싫어하여 지금도 밤에만 날아다닌다.

플루타르코스에 따르면 오르코메노스의 디오니소스 축제(아그리오니아)에서는 의식을 집전하는 사제가 미니아스 집안의 여자를 뒤쫓는 풍습이 있었다고 한다. 사제의 손에 붙잡히면 여자는 죽음을 면치 못했다.

고대 그리스에서 미니아데스는 유아살해범을 뜻하는 말로도 사용되었다.

미다스 Midas

요약

소아시아 지역의 프리기아의 왕 미다스는 고르디오스와 키벨레의 아들이다. 디오니소스는 그의 스승 실레노스를 보호해 준 보답으로 자신의 손에 닿는 모든 것은 황금으로 변하게 해 달라는 미다스의 소원을 들어 주었다. 탐욕스런 미다스는 음식마저 황금으로 변해버리자 디오니소스 신에게 다시 부탁하여 그 힘을 버리게 된다.

황금에 진저리가 난 미다스는 궁전을 떠나 판을 섬기며 살았는데, 판과 아폴론의 음악 경연에 개입했다가 아폴론의 분노를 사서 당나귀 귀를 갖게 되었다.

기본정보

구분	프리기아의 왕
상징	물욕, 황금
외국어 표기	그리스어: Μίδας
가족관계	고르디오스의 아들, 키벨레의 아들

인물관계

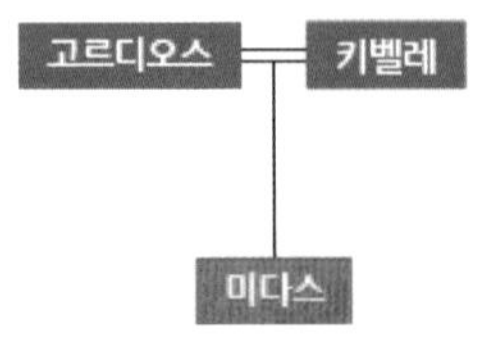

프리기아의 왕 미다스는 고르디우스와 테르메소스의 여자 예언자 또는 키벨레 사이에서 태어난 아들이다. 미다스 왕은 여러 민담에서 주인공으로 등장한다.

미다스의 황금

미다스 왕은 왜 황금 손의 대명사가 되었을까? 그의 이야기는 디오니소스와 그의 스승 실레노스와 깊은 연관이 있다.

사티로스로 표현되기도 하는 실레노스는 지혜로운 노인이지만 항상 고주망태로 술에 취해 있었다. 디오니소스는 오르페우스를 잔인하게 죽인 트라키아 여자들에게 분노하여 모든 트라키아 여인들을 나무로 만들어버리고 트라키아를 떠났다. 그는 티몰루스 산의 포도밭과 팍톨로스 강을 찾아간다. 디오니소스 신도들과 사티로스들이 그의 주위에 모여 있었다. 그러나 늘 함께했던 실레노스의 모습이 보이지 않았다. 실레노스는 술에 흠뻑 취해 온 마을을 휩쓸고 다니고 있었던 것이다. 보다 못한 농부들이 실레노스를 붙잡아 미다스 왕에게 데려갔다. 미다스 왕은 한때 디오니소스 비교에 심취한 적이 있기 때문에 디오니소스의 스승인 실레노스를 한눈에 알아보았고, 그를 정중히 모시고

팍톨로스 강가의 미다스 왕
니콜라 푸생(Nicolas Poussin), 1626~1628년경, 프랑스 페쉬박물관

열흘 낮밤을 연회를 베풀었다. 열 하루째 되는 날 미다스는 실레노스를 디오니소스에게 데려다 주었다. 걱정하던 스승이 눈앞에 나타나자 디오니소스는 반가운 마음에 미다스 왕에게 스승을 잘 돌보아준 은혜를 갚고 싶으니 무슨 소원이든 말하라고 한다. 미다스가 그의 소원을 말하였고 디오니소스는 안타까운 마음을 금치 못했다. 그는 자신의 손에 닿는 것은 무엇이든 황금이 되기를 소망했다. 이 소원을 들은 디오니소스는 차마 말은 하지 못하고 그의 어리석음을 안타까워했다.

미다스는 앞으로 그에게 어떤 재앙이 닥칠지는 생각하지도 못하고 천하의 부자가 될 수 있다는 생각에 희색이 만연하여 궁전으로 돌아갔다. 그가 시험 삼아 참나무 가지 하나를 꺾자 믿을 수 없는 일이 벌어졌다. 참나무 가지가 즉시 황금 가지로 변한 것이다. 그의 손길이 닿는 것은 하나같이 모두 금으로 변했다. 서둘러 궁전으로 돌아와 궁전의 기둥을 만져보니 그것도 역시 황금으로 변했다. 미다스 왕은 이제 욕심껏 황금을 가질 수 있다는 희망에 숨이 막힐 지경이었다.

미다스와 바쿠스
니콜라 푸생(Nicolas Poussin), 17세기 전반경

그가 이렇게 황홀한 꿈에 빠져 있을 때 저녁식사가 차려졌다. 그러나 성대하게 차려진 식탁은 그에게 잡을 수 없는 신기루가 되고 말았다. 그의 손에 닿은 빵은 먹기도 전에 황금으로 변하고 포도주도 그 맛을 음미하기도 전에 황금술로 변했다. 미다스 왕은 세상에서 최고의 부자이지만 어이없게도 한 조각의 빵과 한 모금의 물도 마시지 못하고 굶어죽을 처지에 이른 것이다. 그가 그토록 원했던 황금이 이제

진저리나는 고통이 되었다. 황금의 ㅎ 자만 들어도 몸서리가 쳐진 그는 디오니소스 신에게 제발 번쩍이는 황금 재앙에서 벗어나게 해달라고 간절히 기도했다. 그의 지나친 욕심이 번쩍이는 황금을 재앙으로 만든 것이다.

용서를 청하는 미다스 왕의 간절한 기도를 들은 디오니소스는 그에게 사르데스에 인접해 있는 강의 발원지로 가서 머리와 몸을 담가 죄를 씻어내라고 말한다. 미다스 왕이 디오니소스의 말대로 하자 모든 것을 황금으로 만드는 그의 능력은 강물로 옮겨가고 강물은 황금빛으로 물든다. 그가 손을 씻은 강물에는 금 조각들이 가득 들어있어 그때부터 사람들은 그곳에서 금을 채취했다고 한다.

또 다른 이야기

플루타르코스에 따르면 미다스는 자신의 왕국 주변의 오지를 방문하러 갔다가 그만 길을 잃고 만다. 그는 사막 한가운데를 헤매다가 심한 갈증을 느끼지만 목을 축일 수 있는 곳은 어디에도 없었다. 그때 마침 땅에서 샘이 솟아났다. 드디어 살았다고 생각한 미다스는 물 대신 황금이 솟아나는 샘에 절망한다. 그는 디오니소스에게 금 대신 물을 달라고 호소했다. 디오니소스는 그를 가엾게 여겨 그의 소원을 들어 주었다. 이렇게 미다스는 타는 목을 축이게 되고 그 이후 이 샘은 미다스의 샘이라고 불리게 되었다.

다른 이야기에 의하면 미다스 왕은 디오니소스의 스승 실레노스와 같은 현자가 되고 싶었다. 그는 실레노스를 붙잡기 위해 그가 항상 목을 축이는 숲 속의 샘에 포도주를 섞었다. 실레노스는 샘물을 마시고 취해서 잠이 들었고, 그때 미다스가 실레노스를 사로잡았다.

임금님 귀는 당나귀 귀

황금에 진저리가 난 미다스는 궁전을 떠나 산과 숲을 돌아다니다 목신 판을 섬기며 그의 동굴에서 살았다. 그는 판의 음악을 도가 넘칠 정도로 숭배했고, 어리석은 미다스는 또 한 번의 실수를 한다. 그는 트몰로스 산에서 산신 트몰로스가 심판을 보는 아폴론과 판의 음악경연에 우연히 함께 한다. 나이든 심판관 트몰로스 앞에서 판은 갈대 피리 연주를 하고 판의 거친 연주는 미다스를 감동시켰다. 이어 아폴론이 음악의 신답게 숙련된 솜씨로 리라를 연주하자 트몰로스는 천상의 음악에 마음을 빼기고 만다. 결국 트몰로스는 아폴론의 승리를 선언했다. 아무도 산신의 판정에 이의를 제기하지 않고 경연은 마무리되는 듯했던 그때 미다스가 트몰로스의 판정은 공정하지 못하다고 주장한다. 미다스의 막귀에 화가 난 아폴론은 그의 귀를 당나귀 귀로 만들어버렸다.

판과 아폴론의 음악경연: 당나귀가 된 미다스
헨드릭 드 클럭(Hendrik de Clerck), 1620년경
암스테르담 국립미술관

미다스는 자신의 귀가 수치스러워 모자를 눌러 쓰고 아무에게도 귀를 보여주지 않았다. 그러나 자신의 이발사에게만은 이 비밀을 감출 수가 없었다. 이발사는 왕의 당나귀 귀에 대해 떠들고 싶어 참을 수가 없었다. 하지만 왕이 무서워 감히 그럴 수 없었던 이발사는 외딴 곳으로 가서 땅에 구덩이를 파고 그곳에 대고 왕의 귀는 당나귀라고 속삭인 후 흙을 다시 덮고 아무 일도 없었던 것처럼 조용히 그곳을 떠났다. 그런데 그곳에 갈대숲이 우거지고 갈대들이 바람에 바스락거리기 시작하자 땅에 묻은 이발사의 말이 세상으로 전해졌다. 이렇게 미다스 왕의 치욕스런 비밀이 폭로되었다.

미르라 Myrrha

요약

그리스 신화에 나오는 키프로스 왕 키니라스의 딸이다.

아버지에 대한 잘못된 사랑으로 몰래 동침하였다가 아기를 임신한 채로 나무로 변했다. 곧 산달이 차자 아도니스를 낳았다.

기본정보

구분	공주
상징	잘못된 사랑, 근친상간
외국어 표기	그리스어: **Μύρρα**
어원	몰약나무
별칭	스미르나(Smyrna)
관련 상징	몰약나무
관련 신화	피그말리온과 갈라테이아, 아도니스

인물관계

미르라는 키프로스 왕 키니라스와 켄크레이스(혹은 메타르메) 사이에서 태어난 딸로, 아버지 키니라스와 동침하여 아도니스를 낳았다. 키니라스는 피그말리온이 상아 조각상에서 인간으로 변한 여인 갈라테이아와 결혼하여 낳은 딸 파포스의 아들로 알려져 있다.

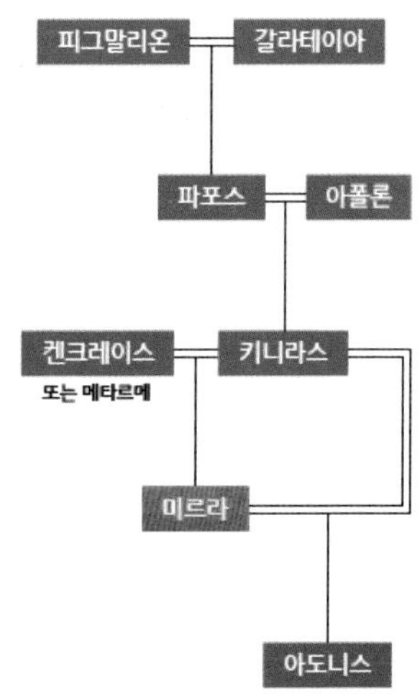

아프로디테의 분노를 사 아버지를 사랑하게 된 미르라

키프로스 왕 키니라스의 딸 미르라는 아주 아름다운 처녀로 나라에 구혼자들의 발길이 끊이지 않았다. 이에 우쭐해진 키니라스(혹은 그의 아내 켄크레이스)는 자신의 딸이 아프로디테보다도 더 예쁘다고 자랑하였다. 이 말을 들은 아프로디테는 키니라스(혹은 켄크레이스)를 벌하기로 마음먹고 아들 에로스를 시켜 미르라의 마음에 아버지에 대한 연심을 불어넣었다.(또 다른 이야기에서는 미르라가 아프로디테에 대한 공경을 게을리하여 여신의 분노를 샀다고 한다)

나무로 변신한 미르라와 아도니스의 탄생

갑자기 아버지를 남자로서 욕망하게 된 딸은 죄책감을 이기지 못해 스스로 목숨을 끊으려 하였다. 하지만 목을 매려는 순간 늙은 유모에게 발견되어 그녀의 시도는 실패로 돌아갔다. 미르라에게 자초지종을 들은 유모는 술책을 써서 캄캄한 어둠 속에서 그녀를 키니라스의 침실에 들게 하였다. 며칠 밤을 얼굴도 모른 채 어둠 속에서 동침한 여인이 궁금해진 키니라스는 한밤중에 불을 비쳐보고는 소스라치게 놀랐다.

미르라와 키니라스
비르길 졸리스(Virgil Solis), 16세기
오비디우스의 『변신이야기』 삽화

키니라스는 당장 칼을 들어 딸을 죽이려 하였으나 미르라는 간신히 몸을 피해 아라비아 반도로 도망쳤다.

임신하여 산달이 가까워진 몸으로 아라비아 반도를 헤매던 미르라는 눈물을 흘리며 신들

아도니스의 탄생
마르칸토니오 프라체스키니(Marcantonio Franceschini), 1690년,
드레스덴 국립미술관

에게 자신을 고통에서 벗어나게 해달라고 빌었고, 신들은 그녀를 몰약나무로 변신시켜 주었다. 미르라는 나무로 변해서도 계속 눈물을 흘렸는데 몰약나무의 수액인 몰약은 그녀가 흘리는 눈물방울이라고 한다. 아버지 키니라스는 절망하여 스스로 목숨을 끊었다.

임신한 채로 나무로 변신한 미르라는 분만의 여신 에일레이티이아의 도움으로 아기를 낳을 수 있었는데, 나무에서 태어난 이 아이가 바로 아프로디테의 사랑을 받은 미소년 아도니스다.

미르라는 단테의 『신곡』 지옥 편에도 등장한다. 그녀는 "올바른 사랑에서 벗어나 자기 아버지의 연인이 된" 벌로 미치광이가 되어 지옥에서 영원히 고통 받고 있었다.

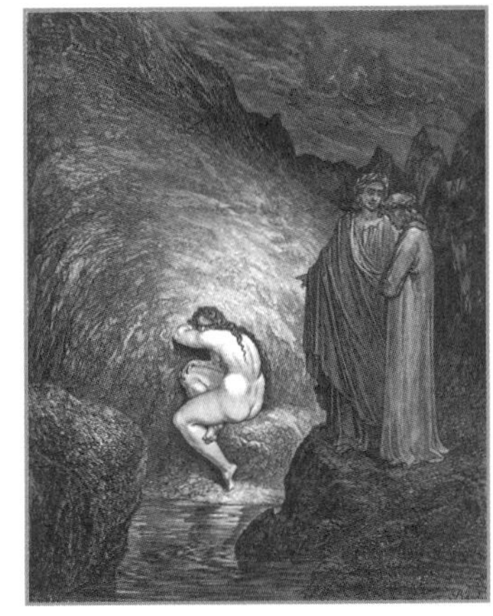

지옥에서 고통받는 미르라
귀스타브 도레(Gustave Dore), 19세기
단테의 『신곡 – 지옥편』 삽화

미르미돈 Myrmidon

요약

아이기나 섬에 살던 종족의 이름이다.

헤라의 분노로 아이기나 섬에 살던 사람들이 죽어나가자 아이아코스는 아버지 제우스에게 사람들을 돌려달라고 기도한다. 이에 제우스는 수없이 많은 개미들을 사람으로 변하게 한다. 이렇게 해서 생긴 종족이 미르미돈족이다.

기본정보

구분	부족
상징	개미
외국어 표기	그리스어: Μυρμιδόνες
어원	개미
관련 신화	아이기나, 아이아코스

인물관계

아이기나와 제우스 사이에서 아이아코스가 태어났고 아이아코스의 간곡한 청에 의해 제우스가 개미로 미르미돈족을 만들었다.

아이아코스의 아들이 펠레우스와 텔라몬이고 펠레우스의 아들이 바로 그리스의 영웅 아킬레우스이다.

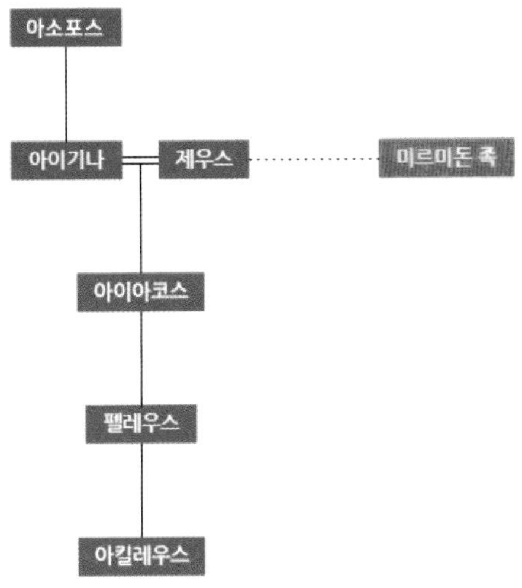

신화이야기

『변신이야기』가 전해주는 이야기

미르미돈은 신화 속에서 아이기나 섬에 살던 종족의 이름이다. 미르미돈족은 오비디우스가 쓴 『변신이야기』와 아폴로도로스가 쓴 『비블리오테케』에 등장한다. 우선 두 신화 이야기에 공통적인 사항은 제우스의 연인 아이기나와 아들 아이아코스가 등장한다는 점이다.

아이기나는 강의 신 아소포스의 딸인데 독수리로 변신한 제우스에 의해 오이오네 섬으로 납치되고 아이기나와 제우스 사이에 아들 아이아코스가 태어난다.('아이아코스' 참조)

우선 『변신이야기』에 나오는 내용을 살펴보면 아이아코스는 아이기나 섬을 다스리는 왕으로 등장한다. 그런데 그 섬의 이름은 원래 오이노에였는데 아이아코스가 어머니의 이름을 따서 아이기나 섬이라 바꾼 것이다. 이에 헤라는 엄청난 분노에 휩싸이게 된다. 아이기나가 제우스의 연인이라는 사실만으로도 화가 나는데 섬 이름까지 아이기나로 바꾸다니!

헤라의 저주로 아이기나 섬에는 전염병이 돌아 바람에 떨어지는 낙엽처럼 사람들이 죽어나갔다. 이에 아이아코스는 탄식하며 말했다.

"죽음을 슬퍼해 줄 사람도 남아있지 않소. 그래서 아들들과 아버지들의 혼과 젊은이들과 노인들의 혼이 애도하는 울음소리를 듣지 못해 정처 없이 방황하고 있습니다."

그리하여 아이아코스는 자신의 아버지 제우스에게 기도한다.

"오, 제우스시여! 당신이 진정 아소포스의 딸 아이기나를 품으셨다는 말이 거짓이 아니라면 위대한 아버님! 당신께서 제 아버님이라는 사실을 부끄럽게 생각하지 않으신다면 부디 제 백성들을 돌려 주십시오! 아니면 저도 죽은 이들과 같이 무덤에 묻히게 해 주소서!"

바로 그때 아이아코스는 참나무 한 그루가 있는 곳에서 양식을 모으는 개미떼들이 행렬을 길게 지어 움직이는 것을 본다. 그는 많은 숫자에 놀라며 다시금 기원한다.

"최고의 선이신 아버지시여. 저에게 저만큼 많은 백성들을 주시어 빈 성벽들을 채워 주소서!"

그리고는 그날 밤 아이아코스는 꿈에서 낮에 본 그 많은 개미들이 사람으로 변하는 것을 보는데, 다음날 아침 자신이 꾼 꿈이 실제로 이루어졌다는 것을 알게 된다. 그는 그 사람들을 '미르미돈'(개미라는 의미)족이라 이름 짓는다.

『비블리오테케』가 전해주는 이야기

그런데 아폴로도로스는 이와는 다른 내용을 전하고 있다.

앞에서 언급한 바와 같이 제우스는 아이기나를 오이노에 섬으로 납치해 그녀와 사이에서 아이아코스를 낳았다. 그런데 그곳은 사람들이 살지 않았던 섬이다. 제우스는 아이아코스가 혼자 노는 것이 안쓰러워 아들을 위해 개미들을 사람으로 만들었다고 한다.

미르미돈족의 특성

아이아코스의 기도로 생겨난 미르미돈족은 '개미'라는 이름 그대로 검소하고 고난을 잘 견뎌내고 일단 손에 들어온 것을 헤프게 쓰지 않고 저축하는 종족이다. 『일리아스』에서 아킬레우스는 미르미돈족을 데리고 전쟁에 참가하는데 이들은 아이아코스의 손자인 아킬레우스에게 헌신적인 봉사와 충성을 바쳤다.

또 다른 미르미돈

제우스가 개미로 변신하여 에우리메두사에게 접근하여 태어난 아들의 이름도 미르미돈이다. 미르미돈은 헬렌의 아들인 아이올로스의 딸 피시디케와 결혼한다. 이 미르미돈이 위에서 언급한 미르미돈족의 조상이라고 주장하는 이야기도 있다.

미르틸로스 Myrtilus

요약

헤르메스와 클레오블레 사이에 태어난 아들로, 엘리스 지역 피사의 왕 오이노마오스의 마부이다. 오이노마오스 왕이 타는 전차 바퀴의 축을 빼내 밀랍으로 채워 왕을 죽게 했다.

기본정보

구분	신화 속 인물
상징	배신, 저주
외국어 표기	그리스어: Μυρτίλος
관련 신화	펠롭스
별자리	마부 별자리

인물관계

미르틸로스는 헤르메스의 아들이다. 헤르메스와 아이올로스의 딸 클레오블레 사이에서 태어났다. 그러나 어머니에 대해서는 여러 가지 이야기가 있다. 다나오스의 딸 파에투사라는 이야기도 있고 아마조네스인 미트로라는 이야기도 있으며 그 외에도 다양한 이야기가 있다.

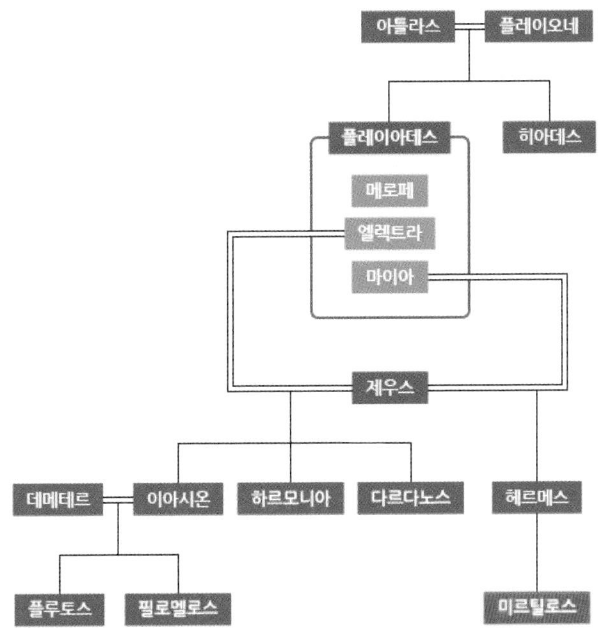

신화이야기

개요

피사의 왕 오이노마오스는 전차 시합에서 이기는 사람에게 아름다운 딸 히포다메이아 공주와 자신의 왕국을 주겠다고 제안했다. 전쟁의 신 아레스에게 받은 갑옷을 입고 불사의 명마가 끄는 전차를 타고 시합을 하는 오이노마오스 왕은 늘 승리를 거두었다.

『비블리오테케』에 의하면 히포다메이아 공주에게 구혼하러 왔다가 곧바로 공주를 사랑하게 된 탄탈로스의 아들 펠롭스가 오이노마오스 왕의 마부인 미르틸로스에게 자기가 이기도록 도와달라고 부탁했다고 한다. 다른 이야기에 의하면 펠롭스는 미르틸로스에게 자기를 이기게 해 준다면 왕국의 절반을 주고 공주와 하룻밤을 자게 해주겠다 제안했다고 한다.

미르틸로스는 오이노마오스 왕이 타는 전차 바퀴의 축을 빼내 밀랍으로 채워 왕을 죽게 했다. 미르틸로스의 배신을 알게 된 오이노마오스 왕은 죽어가면서 미르틸로스 역시 펠롭스의 손에 죽을 것이라는 저주를 내렸다.

피사의 왕이 되어 히포다메이아와 결혼한 펠롭스는 미르틸로스와의 약속을 지키지 않고 그를 바다에 빠뜨려 죽게 했다. 미르틸로스는 익사하면서 펠롭스와 펠롭스의 후손들에게 저주를 내렸다.

미르틸로스가 죽자 그의 아버지 헤르메스는 그를 마부자리의 별자리로 만들었다고 한다.

미르틸로스가 오이노마오스 왕을 배신한 이유

미르틸로스가 오이노마오스 왕을 배신한 이유에 대해서는 다양한 이야기가 존재한다. 앞에서 언급한 바와 같이 펠롭스가 미르틸로스를 매수했다고도 하고 혹은 히포다메이아를 사랑한 미르틸로스가 먼저 제안했다고도 하며 혹은 펠롭스를 사랑한 히포다메이아가 제안했다고도 한다.

유골함에 그려진 미르틸로스의 죽음

미르틸로스의 저주와 펠롭스 가문의 불행

미르틸로스가 죽으면서 펠롭스와 그의 후손들에게 저주를 내렸고 이에 펠롭스의 자손들은 비극적인 삶을 살게 된다. 펠롭스의 두 아들 아트레우스와 티에스테스는 형제간에 끔찍한 부정과 살육을 저지르고, 손자인 아가멤논은 부정한 아내 클리타임네스트라에게 독살을 당했다. 클리타임네스트라 또한 아들 오레스테스에게 살해되었다.

미리나 Myrina

요약

그리스 신화에 나오는 아마조네스 여왕이다.

아마조네스 군대를 이끌고 리비아와 프리기아 지방 대부분의 나라들을 정복하였다. 트라키아의 몹소스 왕에게 패해 목숨을 잃었다.

기본정보

구분	여왕
상징	여전사, 정복왕
외국어 표기	그리스어: Μύρινα
별칭	바티에이아
관련 지명	레스보스, 사모트라케, 미리나
관련 신화	아마조네스의 리비아 원정

인물관계

스트라본에 따르면 아마조네스 여왕 미리나는 테우크로스의 딸 바티에이아와 동일인이다. 바티에이아는 사모트라케 출신의 다르다노스와 결혼하여 일로스, 에리크토니오스, 자킨토스, 이다이아 등의 자녀를 낳았다. 에리크토니오스는 트로이의 시조 트로스의 아버지다.

하지만 미리나와 바티에이아를 동일인으로 보는 견해는 스트라본의 문헌 외에 다른 전승에서는 발견되지 않는다.

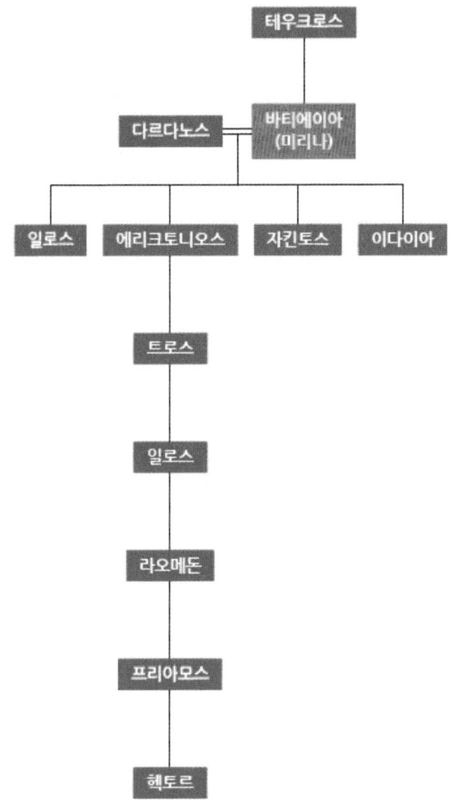

신화이야기

아마조네스의 리비아 원정

미리나는 아마조네스의 여왕으로 동족 병사들을 이끌고 수많은 전쟁을 승리로 이끌었다. 미리나는 리비아 원정을 감행하여 아틀란티스인들을 무찌르고 그들의 도시 케르네를 파괴하였다. 그녀는 파괴된 도시에 자신의 이름을 딴 도시를 새로 건설하고 항복한 아틀란티스인들을 비롯하여 그곳에서 살기를 원하는 모든 사람들을 받아들였다. 그런 다음 아틀란티스인들의 이웃부족인 고르고네스족을 공격하여 숲으로 패퇴시키고 많은 병사들을 포로로 잡았다. 그런데 아마조네스 진영에 잡혀 있던 포로들이 야음을 틈타 무기를 탈취하여 수많은 아마조네스 전사들을 살해하는 일이 벌어졌다. 미리나는 이들을 진압하고 목숨을 잃은 동료들을 위해 높은 봉분 세 개로 이루어진 커다란 묘를 만들었는데 이 묘는 역사 시대에도 '아마조네스의 무덤'으로 알려져 있었다고 한다.

전투를 준비하는 아마조네스
피에르 에베르(Pierre Eugene Emile Hebert), 1860년, 워싱턴 국립미술관

에게 해 연안의 정복

리비아 원정을 마친 미리나는 이집트로 진격하여 그곳의 통치자인 호로스와 화친을 맺은 뒤 시리아와 킬리키아를 제압하고 프리기아 지방을 대부분 손에 넣었다. 그런 다음 타우로스 산을 넘어 카이코스 강 하구에 도착하여 레스보스 등 에게 해 연안의 섬들을 정복하였다. 그녀는 그때까지 무인도에 불과하던 사모트라케 섬에 최초로 상륙하여 신전을 짓고 섬에 사모트라케라는 이름을 붙여 주었다고 한다.

미리나의 무덤

미리나의 아마조네스 군대는 결국 몹소스 왕이 이끄는 트라키아와 스키티아 군대에 패했고 미리나는 마지막 전투에서 전사하였다.

호메로스는 『일리아스』에서 스카만드로스 강과 시모에이스 강 사이의 언덕을 "날랜 미리나의 무덤"이라고 언급하면서 또 다른 이름이 바티에이아라고 하였다. 스트라본은 이에 근거하여 다르다노스와 결혼하여 트로이 왕가의 조상이 된 테우크로스의 딸 바티에이아가 아마조네스 여왕 미리나와 동일인이라고 주장하였다.

밀레스 Myles

요약

그리스 신화에 나오는 라코니아의 왕이다.

라케다이몬과 결혼하여 도시 국가 스파르타의 시조가 된 여인 스파르타가 밀레스의 아들 에우로타스의 딸이다.

그는 방아를 처음으로 발명한 인물이라고도 하며, 밀레스는 고대 그리스어로 '방앗간 주인'이라는 뜻이다.

기본정보

구분	라코니아의 왕
외국어 표기	그리스어: Μύλης
어원	방앗간 주인
관련 상징	방아
관련 신화	스파르타 건국
가족관계	렐렉스의 아들, 에우로타스의 아버지, 폴리카온의 형제

인물관계

밀레스는 '땅에서 태어난 자'인 라코니아 최초의 왕 렐렉스와 물의 님페 클레오카레이아(혹은 페리다이아) 사이의 아들이며 형제로는 폴리카온, 보몰로코스, 테라프네, 클레손, 비아스 등이 있다.

밀레스의 아들 에우로타스에게는 두 딸 스파르타와 티아사가 있었는데, 스파르타는 라케다이몬과 결혼하여 스파르타 시의 시조가 되었고 티아사는 스파르타를 흐르는 티아사 강에 이름을 주었다.

렐렉스 = 클레오카레이아
또는 페리다이아
밀레스 폴리카온 보몰로코스 테라프네 클레손 비아스
에우로타스
필라스 또는 필로스
티아사 스파르타 = 라케다이몬
필리아 = 판디온
아이게우스 니소스 팔라스 리코스
테세우스

신화이야기

스파르타의 건설

밀레스는 라코니아 최초의 왕이자 렐레게스족의 시조인 렐렉스의 맏아들로, 렐렉스가 죽은 뒤 라코니아의 왕위를 물려받았다. 밀레스가 왕위에서 물러난 뒤에는 그의 아들 에우로타스가 라코니아의 왕이 되었다.

하지만 에우로타스에게는 아들이 없었기 때문에 그가 죽은 뒤 라코니아의 왕위는 그의 딸 스파르타와 결혼한 아테네 출신의 라케다이몬에게로 돌아갔다. 제우스와 님페 타이게테 사이에서 태어난 아들로 알려진 라케다이몬은 라코니아 왕국에 새로운 수도를 건설하고 아내의 이름을 따서 스파르타라고 명명하였다.

방아의 발명

밀레스는 방아의 발명자로도 간주된다. 밀레스라는 이름은 고대 그리스어로 '방앗간 주인'을 뜻하는데 그가 방아를 처음으로 발명했다는 신화는 이와 같은 이름의 어원에서 유래한 것으로 보인다. 파우사니아스에 따르면 라코니아의 테라프네 시에는 밀레스가 곡식을 빻았다는 방앗간이 당시까지도 남아 있었다고 한다.

테라프네는 같은 부모 밑에서 태어난 밀레스의 누이동생 이름이기도 하다.

밀레토스 Miletus

요약

그리스 신화에 등장하는 미소년으로, 제우스와 에우로페의 세 아들 미노스, 라다만티스, 사르페돈 형제로부터 경쟁적인 사랑을 받았다. 사르페돈의 사랑을 선택한 뒤 이를 시기한 미노스에 의해 크레타 섬에서 추방되어 소아시아로 건너가 밀레토스라는 도시를 건설하였다.

기본정보

구분	신화 속 인물
상징	미소년
외국어 표기	그리스어: Μίλητος
관련 신화	밀레토스 도시 건설

인물관계

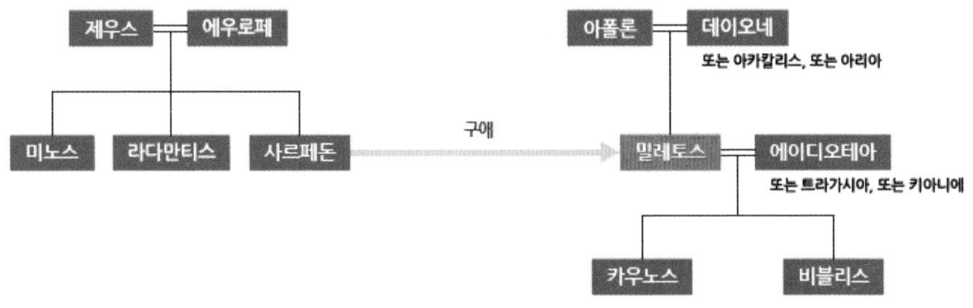

밀레토스는 아폴론과 데이오네 혹은 아카칼리스 혹은 아리아 사이

에서 태어난 아들로, 에이디오테아 혹은 트라가시아 혹은 키아니에와 결혼하여 남매 카우노스와 비블리스를 낳았다.

신화이야기

출생

밀레토스의 출생에 관해서는 여러 가지 이야기가 전해진다. 밀레토스는 아폴론과 데이오네 사이에서 태어난 아들이거나, 아폴론과 미노스 왕의 딸 아카칼리스 사이에서 태어난 아들이거나, 아폴론과 클레오코스의 딸 아리아가 낳은 아들이라고 한다.

밀레토스는 매우 아름다운 청년으로 자란 뒤 그를 탐하는 미노스 왕의 손길을 피해 크레타 섬에서 도망치게 되는데, 이 부분에서 그의 어머니가 누구냐에 따라 이야기가 조금씩 달라진다. 가령 아카칼리스는 미노스의 딸이므로 이 경우 밀레토스는 미노스 왕의 손자가 된다. 그러므로 이 이야기에서 미노스는 밀레토스가 자신의 손자인지 모르고 탐한다. 아버지 몰래 아폴론과 관계한 아카칼리스는 밀레토스를 낳은 뒤 아버지의 질책이 두려워 아기를 숲에 내다버렸다. 그런데 숲 속에서 아기는 늑대의 젖을 먹으며 자라다 나중에 목동들에게 발견되었고, 미노스 왕은 아름다운 목동으로 성장한 밀레토스를 그가 누군지 모른 채 범하려 했지만 밀레토스가 이를 피해 간신히 도망쳤다는 것이다.

하지만 밀레토스의 신화는 크레타 섬의 왕권 다툼과 관련지어 이야기되기도 한다.

에우로페의 아들 삼형제와 밀레토스

제우스가 변신한 황소의 등에 실려 크레타 섬으로 간 에우로페는

에우로페와 황소
폼페이 벽화, 기원전 1세기

제우스와 사이에서 세 아들 사르페돈, 라다만티스, 미노스를 낳았다. 그 후 에우로페는 크레타의 왕 아스테리오스와 결혼하였고 삼형제는 아스테리오스의 궁에서 의붓아들로 성장하였다.

아스테리오스 왕이 후사 없이 죽자 삼형제는 크레타의 왕위를 놓고 싸움을 벌이게 되는데 이 싸움은 미소년 밀레토스의 사랑을 차지하기 위한 형제들의 쟁탈전으로 묘사되기도 한다.

밀레토스는 삼형제 중 지혜로운 라다만티스와 미노스를 제쳐두고 마음이 따뜻한 사르페돈을 선택했고, 이에 격분한 미노스는 사르페돈과 라다만티스를 크레타에서 추방하고 섬의 통치자가 되었다.

라다만티스는 보이오티아로 도망가서 그곳에서 암피트리온과 사별하고 홀몸이 된 알크메네와 결혼하여 고르티스와 에리트로스를 낳았고, 사르페돈은 밀레토스와 함께 소아시아 남부로 피신하여 어머니 에우로페의 형제인 숙부 킬릭스에게 몸을 의탁하였다. 그 후 사르페돈은 리키아의 왕이 되었고 밀레토스는 사모스 섬 근처로 가서 그곳에 자신의 이름을 딴 도시를 세우고 다시 카리아로 건너가서 같은 이름을 가진 두 번째 도시도 세웠다.

카우노스와 비블리스

밀레토스는 에우리토스의 딸 에이디오테아 혹은 켈라이노스의 딸 트라가시아 혹은 강의 신 마이안드로스의 딸 키아니에와 결혼하여 아들 카우노스와 딸 비블리스를 낳았다. 나중에 비블리스는 오빠 카우노스를 이성으로 사랑하여 애를 태우게 된다. 하지만 여동생의 고백을 받아들일 수 없었던 카우노스는 고향을 떠나버렸고, 비블리스는 카우노스를 그리워하며 하염없이 눈물만 흘리다 죽어서 샘물이 되었다.

• 참고문헌 •

게롤트 돔머무트 구드리히; 〈신화〉

게르하르트 핑크; 〈그리스 로마 신화 속 인물들〉

괴테; 〈파우스트 II〉, 〈가니메드〉

논노스; 〈디오니소스 이야기〉, 〈디오니시아카〉

단테; 〈신곡 지옥편〉

디오니시오스; 〈로마사〉

디오도로스 시켈로스; 〈역사 총서〉

레싱; 〈라오코온〉

로버트 그레이브스; 〈그리스 신화〉

루키아노스; 〈대화〉

리비우스 안드로니쿠스; 〈오디세이아〉

리코프론; 〈알렉산드라〉

마르쿠스 바로; 〈농업론〉, 〈라틴어에 관하여〉

마리 셸리; 〈프랑켄슈타인〉

마이어스 백과사전, '바실리스크'

마이클 그랜트; 〈그리스 로마 신화사전〉

마크로비우스; 〈사투르날리아〉

몸젠; 〈라틴 명문 전집〉

밀턴; 〈실락원〉, 〈코머스〉

베르길리우스; 〈농경시〉, 〈목가〉, 〈아이네이스〉

보카치오; 〈데카메론〉

비오 2세; 〈비망록〉

세네카; 〈파에드라〉

세르비우스; 〈베르길리우스 주석〉

셰익스피어; 〈한여름 밤의 꿈〉

소포클레스; 〈오이디푸스 왕〉, 〈콜로노스의 오이디푸스〉, 〈안티고네〉, 〈수다(Suda) 백과사전〉, 〈에피고노이〉, 〈트라키아의 여인〉, 〈텔레포스 3부작〉, 〈필록테테스〉, 〈테레우스〉, 〈엘렉트라〉, 〈아이아스〉

솔리누스; 〈세계의 불가사의〉
수에토니우스; 〈베스파시아누스〉
스테파누스 비잔티누스; 〈에트니카〉
스트라본; 〈지리지〉
실리우스 이탈리쿠스; 〈포에니 전쟁〉
아라토스; 〈천문〉
아르노비우스; 〈이교도들에 대해서〉
아리스타르코스; 〈호메로스의 일리아스 주석〉
아리스토파네스; 〈개구리〉, 〈여자의 축제〉, 〈정치학〉, 〈벌〉, 〈아카르나이 사람들〉, 〈여자들의 평화〉
아리안; 〈알렉산더 원정〉
아엘리안; 〈동물 이야기〉
아우구스투스; 〈아우구스투스 업적록〉
아우구스티누스; 〈신국〉
아이소푸스; 〈우화〉
아이스킬로스; 〈아가멤논〉, 〈자비로운 여신들〉, 〈결박된 프로메테우스〉, 〈오레스테스 3부작〉, 〈자비로운 여신들〉, 〈제주를 바치는 여인들〉, 〈탄원하는 여인들〉, 〈테바이 공략 7장군〉, 〈오이디푸스 3부작〉, 〈페르시아 여인들〉
아테나이오스: 〈현자들의 식탁〉〈현자들의 연회〉
아폴로니오스 로디오스; 〈아르고나우티카〉, 〈아르고호의 모험〉, 〈황금양피를 찾아 떠난 그리스 신화의 영웅 55인〉
아폴로도로스; 〈비블리오테케〉, 〈원전으로 읽는 그리스 신화〉, 〈아폴로도로스 신화집〉
아풀레이우스; 〈황금의 당나귀〉
안토니누스 리베랄리스; 〈변신이야기 모음집〉
안티클레이데스; 〈노스토이(귀향 서사시)〉
알베르트 카뮈; 〈시시포스의 신화〉

에리토스테네스; 〈별자리〉
에우리피데스; 〈레수스〉, 〈안드로마케〉, 〈크레스폰테스〉, 〈안티오페〉, 〈크레스폰테스〉, 〈알케스티스〉, 〈메데이아〉, 〈감금된 멜라니페〉, 〈현명한 멜라니페〉, 〈이피게네이아〉, 〈헤라클레스의 후손들〉, 〈오레스테스〉, 〈힙시필레〉, 〈박코스 여신도들〉, 〈트로이 여인들〉, 〈멜레아그로스〉, 〈키클롭스〉, 〈페니키아 여인들〉, 〈헬레네〉, 〈화관을 바치는 히폴리토스〉
에우세비우스; 〈복음의 준비〉
에우스타티우스 〈호메로스 주석집〉
오비디우스; 〈변신이야기〉, 〈헤로이데스〉, 〈달력〉, 〈로마의 축제일〉, 〈사랑의 기술〉
요한 요하임 빙켈만; 〈박물지〉
월터 카우프만; 〈비극과 철학〉
이시도루스; 〈어원지〉
이진성; 〈그리스 신화의 이해〉
임철규; 〈그리스 비극, 인간과 역사에 바치는 애도의 노래〉
작자 미상; 〈아르고나우티카 오르피카〉
작자 미상; 〈호메로스의 찬가〉
제프리 초서; 〈캔터베리 이야기〉
존 드라이든; 〈돌아온 아스트라이아〉
존 키츠; 〈라미아〉
최복현; 〈신화, 사랑을 이야기하다〉
카를 케레니; 〈그리스 신화〉
카시우스 디오; 〈로마사〉
칼리마코스; 〈데메테르 찬가〉, 〈제우스 찬가〉
퀸투스 스미르네우스; 〈호메로스 후속편〉
크리스토퍼 말로; 〈포스터스 박사의 비극〉
크세노폰; 〈헬레니카〉, 〈테로크리토스에 대한 주석집〉
클라우디우스 아에리아누스; 〈다채로운 역사(varia historia)〉
키케로; 〈신에 관하여〉, 〈의무론〉
토마스 불핀치; 〈그리스 로마 신화〉
투키디데스; 〈펠로폰네소스 전쟁사〉, 〈역사〉

트제트제스; 〈리코프론 주석집〉

티투스 리비우스; 〈로마건국사〉

파르테니오스; 〈사랑의 비애〉

파우사니아스; 〈그리스 안내〉

파테르쿨루스; 〈로마사〉

포티우스(콘스탄티노플); 〈비블리오테카〉

폴리아이누스; 〈전략〉

프로페르티우스; 〈애가〉

플라톤; 〈국가론〉, 〈향연〉, 〈고르기아스〉, 〈프로타고라스〉, 〈파이드로스〉, 〈티마이오스〉, 〈파이돈〉

플루타르코스; 〈모랄리아〉, 〈사랑에 관한 대화〉, 〈로물루스〉, 〈사랑에 관한 대화〉, 〈영웅전-로물루스편〉, 〈영웅전-테세우스편〉, 〈강에 대하여〉

플리니우스; 〈박물지〉

피에르 그리말; 〈그리스 로마 신화사전〉

핀다로스; 〈네메이아 찬가〉, 〈올림피아 찬가〉, 〈피티아 찬가〉

필로스트라토스; 〈아폴로니오스의 생애〉

헤라클레이토스; 〈단편〉

헤로도토스; 〈역사〉

헤시오도스; 〈신들의 계보〉, 〈여인들의 목록〉, 〈헤라클레스의 방패〉, 〈일과 날〉

헤시키오스; 〈사전〉

호라티우스; 〈서간문〉

호메로스; 〈일리아스〉

히기누스; 〈이야기〉, 〈천문학〉

히에로니무스; 〈요비니아누스 반박〉

그리스 로마 신화 인물사전 3

1판 1쇄 인쇄 2020년 10월 12일
1판 1쇄 발행 2020년 10월 20일

지은이 박규호, 성현숙, 이민수, 김형민

디자인 씨오디
지류 상산페이퍼
인쇄 다다프린팅

발행처 한국인문고전연구소 발행인 조옥임
출판등록 2012년 2월 1일(제 406－251002012000027호)
주소 경기 파주시 미래로 562 (901－1304)
전화 02－323－3635 팩스 02－6442－3634 이메일 books@huclassic.com

ISBN 978－89－97970－58－2 04160
978－89－97970－55－1 (set)